AF448652

Milagros Fulgencio

APRENDIENDO A CAMINAR

Una guía para ayudar a nuevos creyentes en la fe de Jesucristo

APRENDIENDO A CAMINAR
Una guía para ayudar a nuevos creyentes en la fe de Jesucristo

Milagros Fulgencio

ISBN: 978-9945-8769-7-0

Primera edición: Junio de 2012
Segunda edición: Septiembre de 2013

Esta tirada consta de 1000 ejemplares
Diagramación: Amado Santana
Diseño de portada: Luis Alberto Marte

Impresión: Editora Búho

Para pedidos:
milagrosful_@hotmail.com;
(829) 902 8023 y (809) 597 3386

Esta obra se encuentra inscrita en la Oficina Nacional de Derecho de Autor (ONDA) República Dominicana bajo el número 0001797 libro 05 de enero del 2012 y el contenido de la misma no podrá ser reproducido en ningún medio, parcial o totalmente, sin el consentimiento previo de la autora.

Todos los versículos que están al inicio de cada lección fueron tomados de la Nueva Versión Internacional (NVI).

Impreso en República Dominicana

Milagros Fulgencio

APRENDIENDO A CAMINAR

Una guía para ayudar a nuevos creyentes en la fe de Jesucristo

APRENDIENDO A CAMINAR
Una guía para ayudar a nuevos creyentes en la fe de Jesucristo

Milagros Fulgencio

ISBN: 978-9945-8769-7-0

Primera edición: Junio de 2012
Segunda edición: Septiembre de 2013

Esta tirada consta de 1000 ejemplares
Diagramación: Amado Santana
Diseño de portada: Luis Alberto Marte

Impresión: Editora Búho

Para pedidos:
milagrosful_@hotmail.com;
(829) 902 8023 y (809) 597 3386

Todos los versículos que están al inicio de cada lección fueron tomados de la Nueva Versión Internacional (NVI).

Impreso en República Dominicana

ÍNDICE

Agradecimientos

- **Jesucristo**, mi guía y consejero personal.

- A: Rev. Miguel García, Superintendente de las Asambleas de Dios en República Dominicana; Rev. Silverio Manuel Bello, Presidente Círculo de escritores Asambleas de Dios para América Latina; Rev. Freddy Antonio Martínez (Mi pastor), Pastor Iglesia Arca de Noé; Roosevelt Martínez, Pastor de Adoración, Iglesia Arca de Noé. Por su esfuerzo y espontaneidad por ser parte de este gran sueño.

- Rev. Silverio Manuel Bello, hago esta mención especial, pues entiendo que el hermano Bello es el padrino de este libro, me motivó para que siguiera escribiendo y amplió mi visión sobre la importancia y necesidad de este material, es un motivador por excelencia.

- Luis Alberto Marte (Kiko) por coordinar y diseñar la portada.

- Nuris Ramos, mi amiga, por sus sabias orientaciones para la realización de este proyecto.

- Keila Ymalai, mi hija, por ser mi asistente personal.

Prólogo

Cuando la profesora, Milagros Fulgencio me comunicó que estaba escribiendo un libro para ayudar a los nuevos creyentes en la orientación y consolidación de su fe en los caminos del Señor, inmediatamente pensé que el material que se proponía producir podría llenar un gran vacío, que por muchos años se ha venido sintiendo en nuestras congregaciones en lo que a material de instrucción para la pre-doctrina para las iglesias locales se refiere. Verdaderamente, tenemos en nuestras manos un material de instrucción de incalculable precio.

La hermana Fulgencio, desde hace muchos años ha venido siendo una esforzada y eficiente profesora de Escuela Dominical en la iglesia Arca de Noé, que pastorea el Rev. Freddy Martínez, en Los Mina, Santo Domingo, R. D. Trabajó durante varios años como Secretaria del Instituto Internacional por Correspondencia; es maestra de Educación Media. Es Licenciada en Educación Básica; estudió Francés en la Alianza Francesa. Además, tiene una Maestría en Terapia Familiar. En el área ministerial, es pastora asociada de la Iglesia Arca de Noé.

Todo este quehacer en el campo de la enseñanza, tanto bíblica como secular y ministerial le ha facilitado a la autora, el conocimiento propicio y la experiencia adecuada para producir el eficiente y necesario material de instrucción para los nuevos hermanos en la fe, que hoy tenemos en nuestras manos.

"APRENDIENDO A CAMINAR: Una guía para ayudar a nuevos creyentes en la fe de Jesucristo", escrito por la profesora Milagros

Fulgencio, se convierte en un verdadero manual de instrucción para la pre-doctrina de los nuevos conversos.

Como podemos ver, en la producción de los diferentes contenidos, la profesora Milagros, de una forma muy atinada le ha solicitado a varios pastores y ministros experimentados, tanto en el campo de la educación cristiana como en diferentes funciones de la obra de Dios, la elaboración de algunos de los temas que ella presenta en su material de capacitación para recién convertidos. Esta acción estratégica ha hecho posible que estos contenidos hayan sido trabajados con un alto sentir de responsabilidad, destreza y fina calidad para hacer que todo el material se convierta en un verdadero recurso de orientación, instrucción y consolidación para ayudar a los que comienzan en los caminos del Señor a desarrollarse, y crecer saludables y activos en la obra del Señor.

La destreza y la elaboración cuidadosa con que ha sido hecho este trabajo, combinado con lo sencillo y fácil de entender por parte de cualquier recién convertido, hace del material un verdadero manual de formación para la PRE- DOCTRINA en nuestras congregaciones.

Este no es un manual más, no es un libro más: Es la respuesta adecuada a una necesidad que desde hace tiempo, se venía sintiendo en nuestras iglesias. Teníamos carencia de un material de consolidación que ayudara a los recién convertidos en la instrucción y consolidación de su fe en Cristo. Un material que no fuera producto de la traducción de otros idiomas, sino pensado, elaborado y puesto a la disposición de nuestros pastores, líderes y maestros para que les sirva de alimento, base y orientación espiritual para recibir el bautismo en las aguas. Aquí lo tenemos, gracias al aporte de nuestra hermana Milagros Fulgencio.

Rev. Lic. Silverio Manuel Bello Valenzuela
Pastor, ex Director del Instituto Bíblico Central Asambleas de Dios en Rep. Dom.,
Ex Superintendente nacional, maestro, escritor, conferencista internacional y
Presidente del Círculo de Escritores Asambleas de Dios para América Latina.

Introducción

Los nuevos creyentes son un segmento muy especial de la población de la iglesia. Creo sin lugar a equivocarme, que es una de las partes más sensible y delicada, pues son nuestros neonatos espirituales. Un bebé espiritual es un blanco de los ataques del enemigo, ya que no tiene las defensas espirituales necesarias que le permitan discriminar los ataques del maligno y discernir entre el bien y el mal. Son bombardeados por tentaciones y pruebas que no saben como enfrentar o manejarse ante las mismas, poseen un conocimiento bíblico mínimo y cuando leen no entiende; en fin, son personas que necesitan de un padre espiritual responsable, que se coloque a su lado (como lo hizo Ananías con el apóstol Pablo), para ayudarlos a dar sus primeros pasos en la fe.

Entiendo, que tenemos en nuestras manos los futuros maestros, pastores, líderes y creyentes íntegros que van a producir los cambios necesarios en nuestra sociedad y pondrán en alto la bandera del glorioso evangelio de Jesucristo con sus vidas ejemplares.

Estamos en el deber de alimentarlos adecuadamente para que tengan un crecimiento saludable, pues un niño mal nutrido en condiciones naturales, crece con un sistema inmunológico débil y por ende es propenso a adquirir diversas enfermedades, lo que desencadena múltiples problemas.

En esta guía, tanto el maestro como el nuevo creyente encontrarán respuestas a preguntas tales como:

- ¿Por qué es necesario alimentarme diariamente con la palabra de Dios?
- ¿Por qué no se menciona de manera frecuente el vocablo **diezmo** en el Nuevo Testamento?
- ¿Es el **diezmo** opcional?
- ¿Es verdad, que quién no olvida, no perdona?
- ¿Las pruebas son parte del plan de Dios para mi vida?
- ¿Cuándo regresará el Señor Jesús?
- ¿Cómo puedo comenzar a compartir mi fe con otros?
- ¿Cómo puede descubrir su don espiritual?

Este material es una excelente y eficaz guía para discipular, consolidar, retroalimentar a los nuevos creyentes(pues cada uno de ellos debe completar la guía de evaluación que está al final de cada lección) y ayudarlos a adquirir el conocimiento bíblico adecuado para vivir su nueva vida, obtener la madurez cristiana y convertirse en agentes multiplicadores de la gracia de Dios.

MILAGROS FULGENCIO

LECCIÓN 1

APRENDIENDO QUE USTED NECESITA: ALIMENTO, CUIDADO Y PROTECCIÓN

Deseen con ansias la leche pura de la palabra, como niños recién nacidos. Así, por medio de ella, crecerán en su salvación.

1 de Pedro 2:2.

Un bebé es una criatura recién nacida en el seno de una familia, que está en una etapa de desarrollo. Ser un bebé implica que se depende por completo del cuidado de un adulto con madurez. Luego de un bebé nacer, necesita ser alimentado periódicamente, ser vigilado y protegido casi con carácter de permanencia, pues el bebé no está en capacidad de hacerlo por sí mismo, ni de discriminar que es bueno y que es malo. El primer alimento suministrado al bebé es la leche materna, luego se le va graduando el alimento: papillas, purés, crema de habichuela, hasta darle alimentos más sólidos, adecuados a su condición de niño. (1 Pedro 2:2).

En la medida que el bebé va creciendo necesita que se atiendan sus necesidades en todo el orden de la palabra y se le vaya dando explicaciones a sus interrogantes de manera sencilla, que se le den sus alimentos a tiempo, se vigilen sus acciones, se le guíe y explique cada situación que es nueva para él.

La decisión que usted tomó de recibir a Cristo como su salvador personal, ha producido el milagro del nuevo nacimiento, Juan 3:3. Ahora usted es una nueva criatura (2 Corintios 5:17). Se puede decir que usted es un bebé espiritual.

El bebe espiritual, es igual al niño natural, debemos alimentarlo de acuerdo a su edad, cuidarlo, y protegerlo, tenemos que guiarlo con la palabra de Dios, y orientarlo sobre su nueva vida en Cristo y lo que Dios espera de él, debemos constituirnos en padres espirituales responsables.

Nuestro propósito es brindarle la mejor asistencia espiritual posible a fin de que su formación cristiana sea normal y crezca con buena salud y fuerza espiritual (**Jerónimo Pérez**).

Usted es un hijo espiritual y debe saber que es importante para nosotros, que le amamos y que estamos dispuestos a sacrificarnos por su crecimiento espiritual, que estamos interesados en que tenga un crecimiento integral, que puede contar con nosotros, que estamos a su lado para instruirlo, guiarlo y vigilar que su crecimiento espiritual sea saludable.

> **Versículo a memorizar: 1 Pedro 2:2**

GUÍA DE EVALUACIÓN

1. ¿Qué es un bebé?___________________________________

____

2. ¿Qué implicaciones tiene ser un bebé?_________________

____

3. ¿Qué necesita un bebé después de nacer?______________

____

4. ¿Cómo debe ser el alimento de un bebé después de nacer?

____

____

5. ¿Por qué un bebé necesita cuidados especiales?____________

____

6. ¿Qué necesita el bebé en la medida que va creciendo?______

____

7. ¿Qué es un padre espiritual y cuál es su función?__________

____

8. ¿Cuáles atenciones debemos de brindarle al bebé espiritual?

____

9. ¿Qué deben saber nuestros hijos espirituales?____________

____

LECCIÓN 2

APRENDIENDO ACERCA DE SU NUEVA VIDA

Todos ustedes son hijos de Dios mediante la fe en Cristo Jesús.

Gálatas 3:26

La declaración de Gálatas 3:26, confirma el hecho de cómo nos convertimos en hijos de Dios, declara que pasamos a ser hijos de Dios por medio de creer en Cristo Jesús. La salvación descansa sobre el sacrificio del Señor Jesucristo en la cruz del calvario y se les da a quienes la reciben por fe. Efesios 2:8-9.

El pasaje de Juan 1: 11-12, explica más detalladamente este proceso:

"A lo suyo vino", significa que Cristo vino a realizar su plan de salvación para todo el mundo (Juan 3:16)

"y los suyos no le recibieron", representa al pueblo judío, a quienes Dios le quería dar el privilegio de recibir el Evangelio y llevarlo por todo el mundo, ellos despreciaron esta gran oportunidad; pues rechazaron el hijo de Dios. Ahora todos podemos acudir al padre por medio de la fe en Cristo Jesús, quien la Biblia declara, es el único medio para ser salvos. Hechos 4:12

Otro aspecto que debemos señalar es que, existe una diferencia marcada entre: criaturas de Dios e Hijos de Dios. **"Criaturas de Dios"**, somos todos los seres vivientes, pues fuimos creados por él. "**Hijos de Dios**", es el nivel que alcanzamos cuando depositamos nuestra fe en Cristo Jesús como el único medio provisto por Dios para perdonarnos, transformarnos y darnos vida eterna.

En II Corintios 5:17, el apóstol Pablo detalla que cuando venimos a Cristo, recibimos una nueva vida que será evidenciada por quienes nos rodean. Como resultado de ser hijos de Dios, se producen algunos cambios importantes en nosotros, hemos pasado de:

1. *Muerte a vida*: Efesios 2:1

Antes de aceptar a Cristo, quien es la vida, según (Juan 14:6); estábamos muertos espiritualmente en delitos y pecados (aquí el vocablo muerte significa separados de Dios, pues el pecado nos distancia de Dios), al recibir a Cristo, recibimos vida espiritual.

2. *De tinieblas a la luz. I Pedro 2:9*

El que practica el pecado está en tiniebla espiritual, cuando recibe a Cristo, recibe la luz y pasa a ser luz para otros. Juan 8:12, Mateo 5:14. Somos luz porque tenemos a Cristo, quien es la luz del mundo, proyectamos la luz que recibimos de Cristo, a este mundo que está en oscuridad espiritual. Al igual que la Luna que no tiene luz propia, sino que proyecta la luz que recibe del Sol, debemos alumbrar con palabras y nuestro ejemplo al mundo que está en tiniebla espiritual.

3. *De esclavos a libres. Juan 8:32*

En la época de la esclavitud, los esclavos obedecían las órdenes de sus amos; el que anda en pecado no hace lo que quiere;

sino lo que le ordena su amo el pecado. Cuando nos encontramos con Cristo, las cadenas que nos atan al pecado son rotas por el poder de la sangre de Cristo y recibimos libertad para obedecer la palabra de Dios, pues libre no es quien hace lo que quiere (esto es libertinaje), libre es quien hace lo que debe hacer.

4. *De criaturas a hijos*. Juan 1:11-12

Pasamos de criaturas a hijos de Dios al creer en Cristo Jesús. I Juan 3:2 señala que el hecho de ser hijos de Dios, nos coloca en una dimensión superior, pues recibimos una nueva vida que nos impulsa a pensar, hablar y comportarnos en plena armonía con la vida que hemos recibido, esta nueva vida da la evidencia de que somos parte de la familia de Dios. Efesios 2:19

El nuevo creyente, necesita conocer que tiene un papel importante que desempeñar en su nueva vida que es: "ocupaos de vuestras salvación" Filipenses 2:12

Esto implica que debemos tomar nuestra salvación con seriedad, vigilando todas y cada una de nuestras actitudes para que no descuidemos nuestra salvación y nos propongamos crecer en la gracia. II Pedro 3:18; perseverando en:

- La oración, Mateo 26:41
- La lectura de la palabra de Dios y la obediencia a la misma. Juan 5: 39
- La asistencia a la iglesia. Hebreos 10:25
- Dando por gracia lo que hemos recibido. Mateo 10:8, Lucas 8: 39, I Pedro 2:9.

Versículo a memorizar: 2 Corintios 5:17.

GUÍA DE EVALUACIÓN

1. Según Gálatas 3:26, ¿Cómo nos convertimos en hijos de Dios?
____

2. Juan 1:11-12, establece la diferencia entre estos dos términos.

A lo suyo vino: _______________________________________

Y los suyos no le recibieron: _______________________________

3. Efesios 2:8-9, dice que "Somos salvos por medio de la_______

_____________________no por_______________________________

 para que nadie_______________________________________

4.   Explique la diferencia entre criaturas e hijos de Dios.
____

5. Detalle los cambios producidos en el creyente en su nueva vida según:

a) Efesios 2:1_______________________________________

b) I Pedro 2:9_______________________________________

c) Juan 8:32_______________________________________

d) Juan 1:11-12 _______________________________________

6. ¿Cuál es el papel importante del nuevo creyente en su nueva vida, según Filipenses 2:12 _______________________________

____

7. ¿En cuáles actividades debe permanecer el nuevo creyente?

a) ____

b) ____

c) ____

d) ____

LECCIÓN 3

APRENDIENDO ACERCA
DE LA SALVACIÓN EN CRISTO

Cree en el Señor Jesús; así tú y tu familia serán salvos.

Hechos 16:31

La salvación, es la transformación espiritual y milagrosa que se produce en el individuo desde que acepta a Cristo como su Salvador personal (**manual de doctrina**).

La salvación, es el regalo de Dios para el hombre, que se recibe por medio de la fe en Jesucristo, no es algo que nos ganamos o merecemos, es un obsequio que recibimos de Dios. Efesios 2:8-9.

La necesidad de un salvador se produce porque todos somos pecadores Romanos 3:23. El pecado nos separa de Dios. Isaías 59: 2, además, produce muerte, este término tiene dos significados:

1. **Muerte**: separación de Dios. El hombre está muerto espiritualmente pues el pecado le separa de Dios.
2. **Muerte eterna**: si el hombre muere en pecado estará perdido eternamente.

Pecado, es toda desobediencia a los mandamientos establecidos en la palabra de Dios. El primer pecado fue la desobediencia y todo pecado consiste justamente en desobedecer las leyes de Dios. Todos somos pecadores Romanos 3:23, "La paga del pecado es la muerte" Romanos 6: 23. Ha pesar de que el hombre es pecador, Dios ha provisto el medio para que el hombre sea salvo, ese medio tiene nombre: es Jesucristo, el salvador del mundo. Juan 3: 16,17; Romanos 5:8, I Timoteo 1:15; 2:4. Aunque Dios ha provisto el remedio para quitar el pecado, la condenación se produce por la desobediencia del hombre, de no aceptar a Jesús como la única provisión de Dios para quitar el pecado de su corazón Juan 3:19.

La idea debe quedar clara, sólo podemos ser salvos por medio del señor Jesucristo Hechos 4:12, Hebreos 5:9.

Dios ha establecido condiciones para la salvación:

1. **El arrepentimiento**. El arrepentimiento viene del griego **metanoia** y significa "un cambio en la manera de pensar" que viene acompañado de un dolor verdadero por el pecado y un sincero esfuerzo por dejarlo. 2 Corintios 7: 10 (VINE, W.E)
2. **Confesión de pecados**. Luego de estar arrepentidos de pecar, le confesamos nuestros pecados al señor Jesucristo, quien es; el único que puede perdonarlos. Proverbios 28: 13; I Juan 1:9
3. **Depositar nuestra fe en Jesucristo**, es creer en los méritos de Cristo, de que por amor a su hijo, Dios está dispuesto a mostrarnos misericordia. Efesios 2:8 -9. Creer en Jesús, es más que decir que sí con nuestran cabeza, es depositar toda nuestra confianza en Cristo como nuestro Señor y Salvador, y colocar todas nuestras decisiones bajo su control y dominio.
4. **Conversión**. Es apartarse del pecado y acudir a Dios. Hechos 3:19. Denota el período crítico, cuando el pecador se aparta del camino de pecado, para transitar por la senda de justicia. **(Pearlman Myer)**

Además de las condiciones de la salvación, existen tres estados de la salvación, que son:

1. **Justificación**: En este estado somos declarados justos, es como pasar de culpables a inocentes Romanos 5:9

a) La justificación es gratuita. Romanos 3: 24

b) Justificar es un acto exclusivo de Dios. Romanos 8:33

c) La justificación es un acto de la libre gracia de Dios, somos justificados cuando creemos en Jesucristo y recibimos como resultado la paz. Romanos 5:1

2. **Regeneración**: Es la transformación de la naturaleza pecadora del hombre, para hacerla apta para vivir en el reino celestial. El hombre no puede actuar más allá de la esfera de su naturaleza, por lo tanto. Necesita un salvador espiritual; que es Jesucristo. Algunos efectos de la regeneración son:

a) Somos adoptados, significa literalmente que se nos otorga la posición de hijos. Efesios 2:19.

b) Estamos unidos a Cristo

c) Tenemos una vida nueva, nuevo corazón y nuevo espíritu. Romanos 6:4, Ezequiel 36: 26; 11:19.
El último estado es la:

3. **Santificación**: Santo, significa separado para Dios. El creyente es santificado, nacido de nuevo y como resultado:

a. Odia el pecado (I Juan 3: 8, 9)

b. Tiene obras justas (I Juan 2:29)

c. Ama a sus hermanos (I Juan 4:7)

d. Tiene victoria sobre el pecado (1 de Juan 5:4,5)
Concluimos que los tres estados de la salvación son:
Justificación, pasar de culpable a inocentes,
Regeneración, es el cambio instantáneo que Dios opera en nuestra naturaleza y

Santificación, que es tener una vida coherente con nuestra nueva naturaleza, es vivir en obediencia a la palabra de Dios. "La salvación, es la justicia que Dios nos atribuye (nos declara justos) Romanos 5:1, es la reconciliación de nuestros pecados, es la transformación que Dios produce en nosotros (2 Corintios 5:17), es ser aceptables a Dios (**Pearlman, Myer**)

> **Versículo a memorizar: Hechos 4:12.**

GUÍA DE EVALUACIÓN

1. ¿Qué es la salvación?_________________________________
____
2. Recibimos la salvación por medio de la fe_________________
_____________________ no por_________________________
para que_____________________________ Efesios 2:8-9.
3. ¿Por qué se produce la necesidad de un salvador?_________
____
4. Según Romanos 6: 23, ¿qué produce el pecado?__________
____
5. ¿Qué implica el vocablo muerte?
a)____
b)____
6. ¿Qué es el pecado?____________________________________
7. Según Hechos 4:12, sólo podemos ser salvos por medio de
____
8. Cuáles son las condiciones para ser salvos según:
a) 2 Corintios 7:10______________________________________
b) Proverbios 28:13______________________________________
c) Efesios 2:8,9____

d) Hechos 3:19____

9. ¿Cuáles cambios se producen en las personas nacidas de nuevo?

a) _____________________________ I Juan 3: 9, 5:18

b) _____________________________ I Juan 2: 29

c) _____________________________ I Juan 4: 7

d) _____________________________ I Juan 5: 4,5

10. Escriba su concepto de la salvación

____

____

11. ¿De dónde viene y qué significa el vocablo "arrepentimiento"?

____

12. Cuáles son los tres estados de la salvación?

1.____

2.____

3.____

LECCIÓN 4

APRENDIENDO A CRECER EN LA FE

Estoy convencido de esto: el que comenzó tan buena obra en ustedes
la irá perfeccionando hasta el día de Cristo Jesús.
Filipenses 1:6

Los creyentes haitianos, tienen un cántico que dice: "Dios nunca comienza algo, sino lo va a terminar". Esto nos habla de que Dios termina lo que comienza.

Los niños en su desarrollo natural experimentan el proceso de crecimiento, el crecimiento no se produce de la noche a la mañana, es un período, que demanda paciencia, implica que vamos a dejar algunas actitudes y adquirir otras propias de la edad que se tiene. En nuestro crecimiento cristiano, nos vamos dando cuenta de que en nosotros existen actitudes, hábitos que pertenecen a la antigua vida, que no deben estar presente en nosotros. El apóstol Pablo experimentó estos mismos sentimientos conflictivos, quería hacer el bien, pero hacía el mal, Romanos 7: 15, 18, 19.

No olvidemos que el conflicto espiritual se produce, porque al darle entrada a Cristo en nuestros corazones, se inicia una lucha entre la vieja naturaleza carnal y la nueva naturaleza espiritual, ¿Quién ganará y tomará el control total de nuestras vidas?, a quien nosotros obedezcamos y alimentemos más. Un antiguo misionero regresó al hogar de un convertido entre los indios de la tribu Mohave. Cuando el misionero le preguntó cómo le iba, el viejo José contestó: "Bueno, parece que tengo un perro negro y un perro blanco dentro de mí y que siempre están peleando". El misionero le preguntó: ¿Cuál gana? Y José contestó: "el que alimento más". Nuestra comunión cotidiana está determinada por la naturaleza que nosotros alimentemos más (**Juan Bisagno**)

Luego de estar en la iglesia por algunos meses, nos percatamos de que todavía tenemos pensamientos que no agradan al Señor, que hablamos de forma inadecuada y que, en ocasiones desobedecemos en lugar de obedecer, nos sentimos como los niños cuando están aprendiendo a caminar que se caen y se levantan.

No se desanime!, esto es común a todos los nuevos creyentes, I Corintios 10: 13, este sentimiento negativo, tiene dos aspectos positivos:

1.	Antes de ser creyentes en Cristo, no veíamos nada malo ni anormal en nuestro comportamiento pecaminoso, pues éramos ciegos espirituales, Lucas 4: 18, teníamos una mente reprobada, Romanos 1:28 y el entendimiento entenebrecido.
2.	No sentíamos ni dolor, ni tristeza por vivir ofendiendo a Dios con nuestra vida de pecado. El malestar que sentimos cuando desobedecemos, es un indicador de que somos nuevas criaturas, 2 Corintios 5:17, que tenemos una vestimenta espiritual blanca y nos sentimos mal cuando la ensuciamos con nuestras actitudes pecaminosas. Ahora, el pecado nos produce tristeza y esa tristeza nos lleva al arrepentimiento. 2 Corintios 7:10.

Colosenses 3:5, 8, 9 nos dice que cada día debemos eliminar los pensamientos y actitudes que no corresponden a un creyente en Cristo. ¿Cómo lo hacemos?, negándonos a complacer nuestros apetitos carnales y negándonos a obedecer los pensamientos malvados, haciendo lo opuesto a lo que nos dicta nuestra naturaleza carnal. Por ejemplo si nuestra naturaleza carnal nos dice que no oremos, debemos hacer lo opuesto y ponernos a orar, aunque no tengamos deseos de hacerlo. Los verdaderos creyentes son dirigidos por el conocimiento de la palabra de Dios, no por los sentimientos. Además, debemos analizar cuándo, dónde, con quién y bajo cuáles circunstancias nos sentimos más vulnerables a pecar, para que busquemos estrategias que nos ayuden a alejarnos del pecado y fortalecer nuestras debilidades con el ayuno, la oración, la lectura de la palabra y buscando la ayuda de hermanos con madurez cristiana. Si nuestra debilidad es el alcohol, no debemos tener en nuestro refrigerador bebidas alcohólicas o que contengan alcohol, debemos evitar las amistades que ingieran alcohol o evitar lugares donde se consuma o venda alcohol. Debemos mantenernos lo más alejados posibles de personas, lugares o situaciones que nos estimulen a pecar.

También, recordemos que mientras crecemos en la fe, no estamos solos, el Señor ha prometido estar con nosotros y esto no depende de lo que sintamos, esto es por fe. 2Corintios 5:7; Mateo 28:19-20, Filipenses 4:13. A nuestro paso por la Tierra, no importa si somos nuevos creyentes o creyentes de muchos años, la lucha, es la misma, y las tentaciones también, nuestra actitud es determinante para obtener la victoria, debemos negarnos a auto complacer nuestra naturaleza carnal, tomar nuestra cruz cada día, reconociendo que estamos muertos al pecado, pero vivos para Dios y que nos debemos a nuestro nuevo dueño. I Corintios 6:20. Mientras crecemos debemos:

a)	nutrirnos con la lectura de la Biblia, de buena literatura cristiana;

b)	asociarnos a hermanos con madurez cristiana y unirnos con ellos en el trabajo de la iglesia;

c)	asistir frecuentemente a la iglesia;

d)	orar diariamente y tenernos un poco de paciencia, pues el crecimiento es un proceso que requiere tiempo y no olvidar que durante crecemos el Señor Jesús está a nuestro lado para fortalecernos.

Versículo a memorizar: Filipenses 1:6.

GUÍA DE EVALUACIÓN

1. Defina con sus palabras qué es el crecimiento cristiano_______
____

2. ¿Qué demanda el crecimiento?__________________________
____

3. El apóstol Pablo decía en Romanos 7:15, 18, 19, que querría hacer el____
pero hacía el____
que no quería.

4. ¿Por qué se produce el conflicto espiritual?_________________
____

5. ¿Cuáles aspectos positivos tiene el hecho de darnos cuenta de que aún no hemos cambiado?
a) ____
b) ____

6. Luego de leer 2 Corintios 7:10, complete:
"La ______________________________ que es según Dios
produce _____________________________ mientras que la
___________________ produce_________________________

7. ¿Qué debemos hacer con nuestros pensamientos y actitudes pecaminosas, según Colosenses 3:5,8,9? _________________
____

8. ¿Qué debemos hacer si somos vulnerables a pecar?
____

9. ¿Qué debemos recordar mientras crecemos, según Mateo 28:19-20?____

____

10. ¿Qué debemos hacer mientras crecemos?

a) ____

b) ____

c) ____

d) ____

e) ____

LECCIÓN 5

APRENDIENDO UN NUEVO VOCABULARIO

...De la adundancia del corazón habla la boca. Mateo 12: 34
En la lengua hay poder de vida y de muerte. Proverbio 18: 21

En la lengua hay poder de vida y muerte.
Proverbios 18:21

Cuando recibimos a Cristo como nuestro salvador personal, se producen cambios en nosotros y esos cambios incluyen nuestra manera de hablar. Según Mateo 12:34 y Mateo 15:18-19, el corazón es el laboratorio de los pensamientos, palabras y acciones. Las palabras son la materialización de las ideas o pensamientos, por lo tanto, debemos vigilar que nuestros pensamientos estén de acuerdo a la palabra de Dios. La palabra de Dios en nuestros corazones engendra fe (Romanos 10:17, Colosenses 3:16, Filipenses 4:8) y esto nos hace hablar de manera diferente: "Creí por lo cual hablé". Esta palabra, cambia nuestra óptica del problema o circunstancias y nos ayuda a ver a Dios en todo lo que nos ocurre (Romanos 8:28) y hablar de una forma diferente, no importa cual sea la situación que nos atañe. Alguien dijo: "Cuida tus pensamientos, se pueden convertir en palabras en cualquier momento". Es común escuchar a las personas en las calles, oficinas, escuelas, centros comerciales, etc. usar un vocabulario vulgar, agresivo, pesimista, ofensivo, irónico, de queja, de crítica, de murmuración, etc.

La Biblia nos exhorta a abandonar este tipo de vocabulario o conversación, pues también damos testimonio con nuestra forma de hablar y ésta incide de manera directa en nuestra conducta.

Debemos abandonar:

- Los chistes de doble sentido
- La murmuración
- La mentira
- Los chismes
- Las quejas
- El tono irónico al hablar
- Las lisonjas
- La vulgaridad
- Las maldiciones
- Las frases populares y relajos.
- Hipocresia
- Pesimismo

Este tipo de conversación, en nada nos aprovecha. Proverbios 13:5; 16:28, 24: 28; 29:5; Salmos 101:7; 141:3, Efesios 4:25, 31, Colosenses 3:9.

Las quejas, pesimismo, mentiras, vulgaridad, murmuración, etc, forman parte de nuestra pasada forma de hablar, ahora debemos hablar de forma diferente.. Efesios 4:29; 5: 4, 19, 20, Proverbios 15:1. Los creyentes, debemos ser cuidadosos al hablar, debemos seleccionar las palabras adecuadas, el tono correcto, el momento preciso, la persona correcta para comunicarnos, (esto es el lenguaje asertivo). Proverbios 25:11, pues lo que decimos, cuándo, cómo, dónde y a quien lo decimos es importante.

Santiago 1:19, nos recomienda ser rápidos para oír y lentos para hablar (Santiago 4:11, Proverbios 18:13,) nos recomienda evitar la murmuración. Debemos cuidarnos de repetir las conversaciones que escuchamos, hablar más de la cuenta o hacer juicios y comentarios en base a esto, sin pensar en el daño que podemos provocar en los demás, (Salmos 140:11). Recordemos que debemos desarrollar el dominio propio y permitirle al Espíritu Santo nos ayude a domar, controlar lo que decimos, aprender a ser honestos, a decir la verdad con misericordia, (Proverbios 16:6) y hacer críticas que vayan con la intención de edificar a los oyentes.

Proverbios 18:21, nos dice que en la lengua está la vida y la muerte, cuidemos lo que decimos, pues con nuestras palabras podemos dar vida o matar. Recordemos, que un día daremos cuenta a Dios de todo lo que hemos dicho. Mateo 12: 36, 37.

Hablemos verdad, demos gracias por todo, demos respuestas suaves, en buen tono y de corazón.

Señor: Que nuestras conversaciones sean para dar vida!

Versículo a memorizar: Salmos 19, 14.

GUÍA DE EVALUACIÓN

1. Los cambios producidos cuando venimos a Cristo, incluyen nuestra manera de hablar

Sí____________ No____________

¿Por qué?____

____

2. Complete con Mateo 12:34

"De la ________________ del ________________ habla la

________________ ".

3. Complete:

El corazón _______________ es el _______________ de los _______________ las _______________ y las _______________.

4. ¿Por qué se caracteriza el vocabulario de algunas personas que no conocen a Cristo? _______________

____

5. ¿Cómo nos ayuda en nuestra forma de hablar, pensar en todo lo que dice? Filipenses 4:8 _______________

____

6. ¿Por qué debemos cuidar nuestros pensamientos? citas bíblicas.

____

7. ¿Por qué debemos cuidarnos de hablar con griterías, relajos o refranes populares? _______________

____

8. ¿Qué nos recomienda Santiago 1:19? _______________

____

9. Escriba Proverbios 18:21 _______________

____

10: Cuál es la relación existente entre la palabra de Dios que habita en nuestra mente y corazón y nuestro vocabulario? Mateo 12:34 y Colosenses 3:16 _______________

____

LECCIÓN 6

APRENDIENDO ACERCA
DE LA RELACIÓN CON SUS AMISTADES

¡Oh gente adúltera! ¿No saben que la amistad con el mundo es enemistad con Dios?

Santiago 4:4.

Cuando venimos a los pies de nuestro Señor Jesucristo, tenemos un círculo familiar y amistoso que debemos convertir en nuestro campo evangelístico.

Cuando venimos a Cristo recibimos una cultura diferente que descansa en los principios bíblicos y adquirimos una nueva identidad; la de los hijos de Dios. Juan 1: 11, 12. Debemos mantener nuestras amistades y compartir con ellas, siempre y cuando no estén en peligro nuestros principios cristianos, no olvidemos Santiago 4:4.

En Jeremías 15: 19, se nos recuerda que debemos influenciar en ellos con nuestra conducta, no ser influenciados por ellos, nuestra amistad principal es con Jehová, Job 22:21. Una de las causas principales de la derrota y el castigo de Israel, fue su alianza con las naciones paganas. Israel rebajó sus principios y aprendió las prácticas de sus vecinos y perdió su identidad como pueblo de Dios. Levítico 20:23.

Cuando nos amistamos con alguien, uno de los dos cederá el terreno e irá a parar al terreno del otro. Alguien va a negociar sus principios y va a descender al plano más bajo, dos no pueden estar juntos sino están de acuerdo. Amos 3:3. Otro aspecto de la amistad con incrédulos es la unión conyugal con ellos 2 Corintios 6:14.

"Pablo nos advierte sobre el hecho de asociarnos con los actos de idolatría de los incrédulos y adquirir cualquier otro compromiso con ellos. Deuteronomio 7:2-4. La santidad reconoce lo serio de ser compañero sentimental de alguien, y no establece este tipo de nexo con quienes no son creyentes. Casarse con un incrédulo, es establecer una alianza desigual que debe evitarse". (**Biblia Plenitud**)

¿Cómo hemos de casarnos con alguien con quien Dios está airado todo el tiempo, que vive huyendo por sus pecados y quien actúa impíamente en todos sus actos? Isaías 57:21, Proverbios 28:1, Salmos 7:11, 12, Daniel 12:10. ¿Es posible jugar con el fuego sin quemarse? Pensemos en la formación moral, religiosa de nuestros futuros hijos y en todas las consecuencias que vendrán, cuando nos unimos a una persona no creyente, pondremos en riesgo hasta nuestra salvación. Alguien dijo: "el que se casa con impío, tiene de suegro a Satanás". Salmos 37: 28; Proverbios 15:29

Al venir a Cristo, no debemos ignorar o rechazar a quienes no son creyentes, es decir, nuestros familiares, vecinos, amigos, compañeros de trabajo o estudio. Debemos tratarlos con amor y servirles siempre que podamos, pues de esta manera observarán el cambio en nuestras vidas.

Nuestras amistades no creyente, son el campo donde debemos modelar nuestra nueva vida, nuestro campo misionero y nuestro blanco de oración. El grueso de nuestras amistades debe estar con los hijos de Dios.

> **Versículo a memorizar: Santiago 4:4**

GUÍA DE EVALUACIÓN

1. ¿Qué adquirimos al creer en Cristo según Juan 1: 11, 12?

____

2.   ¿Qué nos sugiere Jeremías 15:19?

____

3.   ¿Qué advirtió Jehová al pueblo de Israel en Levítico 20:23?

____

4.   ¿Qué es la amistad con el mundo según Santiago 4:4?

____

5. ¿Qué ocurre si nos casamos con incrédulos según:

- Deuteronomio 7:2-4 _________________________
- Isaías 57:21 _______________________________
- Salmos 7:11 _______________________________
- Salmos 37:28 ______________________________
- Proverbios 15:29 ___________________________
- Proverbios 28: 1 ___________________________

6. Cómo debemos tratar a nuestros familiares y amistades no cristianas

____

LECCIÓN 7

APRENDIENDO SOBRE LA ORACIÓN

*Muy de madrugada, cuando todavía estaba oscuro, Jesús se levantó,
salió de la casa y se fue a un lugar solitario, donde se puso a orar.*

Marcos 1:35.

Orar, es el acercamiento del alma a Dios en comunión espiritual
(Manual de Doctrinas) Orar: es comunicarnos con Dios y dejar que
Él se comunique con nosotros. La oración es una calle de doble
vía, hablamos con Dios y luego le escuchamos. Luego de orar,
Dios nos puede hablar por: La Biblia (su palabra), las letras de un
himno, la naturaleza, otra persona, a nuestra mente y corazón.

"No hay pensamiento que se esconda de ti", dice la palabra.
Sin embargo, aunque Dios todo lo sabe, hablamos con Él en oración,
pues orar es más que pedir. Orar, es una conversación cordial y
sincera de un hijo con su padre celestial.

"Jesús hacía de la oración una prioridad, aún en los momentos
en que la vida parecía estar más agitada, sus momentos con el
padre eran valiosos y vitales. (Marcos 1:35)

Para desarrollar una vida de oración, debemos hacer de la
oración, una prioridad.

Martín Lutero dijo: "Tengo tantas cosas que hacer, que por eso
debo orar más". Nuestra fortaleza espiritual viene de nuestro padre
celestial, esto significa que necesitamos buscar momentos para estar

a solas con Dios en oración a fin de mantenernos conectados y en sintonía con él". (**El maestro- adulto, tomo 14**)

Debemos diezmar un período de las horas del día para orar, "puedes elegir la mañana, antes de comenzar tu agenda de actividades y cuando tu mente está libre de preocupación, o puedes hacerlo en la noche, al terminar el día, cuando vas a descansar y planeas el día siguiente. Cualquiera que sea el momento debes ser constante y disciplinado en tu encuentro con Dios" (Billy Graham). Cuando oramos debemos hacerlo en privado, hincados como señal de humillación (si nos podemos hincar), cerrados los ojos, estas acciones la tomamos para evitar distracciones y darle la importancia que tiene la oración. Mateo 6:6. Recuerda que puedes orar al Señor en cualquier momento y en cualquier lugar puedes clamar a tu padre celestial y Él te oye. (2Tesalonicenses 5:17, Hechos 16: 24-25). Pablo fue el mejor ejemplo de esto y Jonás. (Jonás 2:1)

Recordemos que nuestro enemigo conoce el poder de la oración, por eso, nos distrae y entretiene para que no oremos. Satanás sabe que cuando el creyente ora, Dios le escucha y le responde. Salmos 34: 17. (1 Pedro 5:8). Cuando oramos, lo hacemos con nuestras palabras sencillas, es un (a) hijo (a) comunicándose con su padre celestial. No importa que no lo hagas con perfección, recuerde que los niños aprenden a hablar equivocándose, a orar se aprende orando. Cuando oras, no es necesario repetir el Padre Nuestro en cada oración, Jesús lo enseñó a sus discípulos como un patrón que muestra el orden de prioridad que debemos tener cuando oramos, es decir, que va primero y qué después. (Lucas 11:2). Al orar, tú oras al Padre en el nombre de Jesús. (Juan 14: 13-14). El "Padre Nuestro" es un modelo de oración que contiene séis (6) grandes tópicos, cada uno de los cuales representa una necesidad humana básica:

1. **La necesidad paternal**: "Padre Nuestro".

2. **La presencia de Dios**: "que estás en los cielos"

3. **La prioridad de Dios**: "venga tu reino"

4. **La provisión de Dios**: "el pan nuestro, danoslo hoy"

5. **El perdón de Dios**: "y perdonanos"

6. **Poder sobre Satanás**: "y no nos metas...libranos del mal". Mateo 6:9-13 (**Biblia Plenitud**)

Debemos recordar que en Marcos 11:25-26, nos advierte, que antes de orar debemos perdonar y reconciliarmos si hemos tenido alguna cuenta pendiente con alguien. La oración además, es el antídoto de la ansiedad y la preocupación. Cuando oramos debemos creer y descansar, confiando que nuestros problemas están en buenas manos. (Filipenses 4:6, I Pedro 5:7, Salmos 55:22)

Nuestras oraciones serán contestadas sí:

1.   Pedimos en el nombre de Jesús (Mateo 21:21-22)

2.   Permanecemos en Él (Juan 15:4-7)

3.   Si pedimos conforme a su voluntad, sabiendo que todo tiene su tiempo (Eclesiastés 3:1, I Juan 5:14, 15).

Cuando oramos Dios tiene tres tipos de respuestas, en algunos casos puede decir "Sí" en otros "No" y en otros "Espera".

"Quizás no sepas exactamente de qué hablar con Dios, estas sugerencias podrían ayudarle:

- Puede alabarlo por lo que Él es.
- Puede agradecerle por lo que ha hecho, hace y hará por usted.
- Puede reconocer sus faltas delante de Él, expresarle su arrepentimiento y pedirle perdón.
- Puede orar por su familia
- Puede orar por otros: amigos o vecinos que tienen diversas necesidades
- Puede orar por su país: el presidente y su gabinete, empresarios, envejecientes, profesionales, adolescentes, enfermos, presos, adictos, personas con "preferencias sexuales", indigentes, instituciones que velan por el bien del país, etc.

- Puede orar por usted mismo para que el Señor le guié en todo y le ayude a resolver algún problema y prepare oportunidades en las que usted puede servirle". (**Billy Graham**).

Recuerde que la oración cambia las cosas y nos cambia a nosotros, pero sobre todo la oración nos libra de caer en tentación. Mateo 26:41. Bisagno, cita que: "No hay circunstancias en las cuales usted llegue a encontrarse, ninguna condición en la cual Dios lo conduzca donde no pueda encontrar la victoria por medio de la oración". (**Bisagno, Juan**). No hay nada que esté fuera del alcance de la oración, excepto aquello que está fuera de la voluntad de Dios.

> **Versículo a memorizar: Efesios 3:20.**

GUÍA DE EVALUACIÓN

1. ¿Por qué oramos, si Dios conoce todas las cosas?

____

2. ¿Qué es la oración?

____

3. ¿De cuáles formas nos habla El Señor, luego de orar?

____

4. ¿Cuándo y cómo oraba Jesús, según Marcos 1:35?

____

5. ¿Por qué nos arrodillamos, cerramos los ojos y buscamos un lugar privado para orar?

____

6. ¿Podemos orar siempre y en cualquier lugar?

Si _________ No _______.

Refuerce su respuesta con citas bíblicas ________________________

7.   Siempre que oramos debemos repetir el Padre Nuestro?

Si __________ No __________.

¿Por qué? ____

8. ¿A quién y en qué nombre debemos orar, según Marcos 11:25?

____

9. ¿Cuál es el antídoto de la ansiedad, la preocupación, según Filipenses 4:6?________________________________

____

10. Cuando oramos, recibimos respuesta si:

1. Mateo 21:21-22 ________________________________

2. Juan 15: 4, 7 ________________________________

3. 1 Juan 5:14, 15, Eclesiastés 3:1 ____________________

11. Cuáles son los séis (6) grandes tópicos que encierran el "Padre Nuestro"?
1.________________________
2.________________________
3.________________________
4.________________________
5.________________________
6.________________________

12. A qué nos exhortan estos versículos:

1. Salmos 37:5________________________
2. Salmos 55: 22________________________
3. Mateo 6: 25-34________________________
4. Hebreos 13: 5________________________
5. I Pedro 5: 7________________________

LECCIÓN 8

APRENDIENDO ACERCA DEL ANTIGUO TESTAMENTO

*Recita siempre el libro de la ley y medita en él
de día y de noche; cumple con cuidado todo lo que en
él está escrito. Así prosperarás y tendrás éxito.*

Josué 1:8

La palabra Biblia significa conjunto de libros o biblioteca y contiene el mensaje inspirado de Dios a los hombres, existen algunas peculiaridades que la hacen un libro especial, entre ellas, en toda ella se presenta al hombre como pecador y a Dios como redentor. Fue escrita en un periodo de 1000 a 1500 años y su contenido no se contradice a pesar de esto. Fue escrita por un total de 40 hombres santos, que aunque eran diferentes en oficio y vivieron en distintas épocas, coinciden en su contenido.

La Biblia contiene dos divisiones que le conocemos como el Antiguo Testamento o (pacto) y el Nuevo Testamento o nuevo pacto. El Antiguo contiene los escritos antes de Cristo venir a la Tierra donde se nos narra la creación del mundo y el surgimiento del pueblo hebreo. El Nuevo Testamento contiene la venida del Mesías (Cristo) y nos habla de su vida muerte y resurrección, y la historia del surgimiento de la iglesia cristiana.

A los primeros cinco libros de la Biblia le llamamos Pentateuco (significa la cinco cajas) y estos fueron escrito por Moisés, en el primer libro que se llama Génesis aquí aprendemos todo lo de la creación, en Éxodo el llamado del pueblo hebreo y en Levíticos, Números y Deuteronomio conocemos las leyes y costumbre de este pueblo.

También la Biblia contiene los libros históricos. Cada uno de ellos nos narra la historia de ese tiempo que el pueblo hebreo o judío vivió. Aquí podemos conocer sus reyes y gobernantes que dirigieron al pueblo de Israel. Los libros históricos comienzan en Josué y terminan en Ester.

Los libros históricos son:

- Josué
- Jueces
- Ruth
- 1,2 Samuel
- 1,2 Reyes
- 1,2 Crónicas
- Esdras
- Nehemías
- Esther

Hay varios profetas en la Biblia que escribieron libros y entre ellos se destacan los profetas mayores que son Isaías, Jeremías, Ezequiel, Daniel. De estos libros aprendemos más del pueblo de Israel y profecías que tienen que ver con la venida del Mesías y también muchas correcciones de parte de Dios a su pueblo por causa del pecado y su desobediencia continua. Se les llama profetas mayores, pues sus libros tenían mayor contenido.

También la Biblia contiene un grupo de libros que le conocemos como los libros poéticos, ya que fueron escritos en forma de poesías y cántico, estos son: Job, Salmos, Proverbios, Cantar de los Cantares, Eclesiástes y Lamentaciones. A los demás profetas que escribieron se le conoce como los profetas menores, se les llama así, porque sus libros tenían menor contenido, no porque eran más jóvenes que los profetas mayores, y son unos 12 comenzando con Oseas y terminando en Malaquías.

Los libros poéticos son:

- Job
- Salmos
- Proverbios
- Cantar de los cantares
- Eclesiastés
- Lamentaciones

Los Profetas Menores son:

- Oseas
- Joel
- Amós
- Abdías
- Jonás
- Miqueas
- Nahúm
- Habacuc
- Sofonías
- Hageo
- Zacarías
- Malaquías

Nosotros como cristianos evangélicos usamos la Biblia que contiene 66 libros, 39 en el Antiguo Testamento y 27 en el Nuevo Testamento, hay otras biblias que contienen más, pero la diferencia está en los libros del Antiguo Testamento que se lo añadieron pero que el pueblo de Israel nunca los aceptó como divinos o inspirados por el Espíritu Santo y le llamaron libros Apócrifos. Jesús nunca los mencionó y tampoco ninguno de los apóstoles. La Biblia fue escrita en los idiomas hebreo, arameo y griego, y hoy día se ha traducido a más de 2000 idiomas en el mundo. El último libro del A.T es Malaquías.

| **Versículo a memorizar: Salmos 119:11** |

GUÍA DE EVALUACIÓN

1. ¿Qué significa el vocablo Biblia?_________________________

____

2. ¿En cuántas partes está dividida la Biblia?______________

____

y ____.

3. ¿Qué significa el vocablo Pentateuco?__________________

____

4. ¿Quién escribió el Pentateuco?________________________

____

5. ¿Cuáles libros componen el Pentateuco?

a) ______________________________

b) ______________________________

c) ______________________________

d) _______________________

e) _______________________

6. ¿Qué relatan los libros del Pentateuco?_______________________

____

7. ¿Cuáles son los libros Históricos?

a) _______________________

b) _______________________

c) _______________________

d) _______________________

e) _______________________

f) _______________________

g) _______________________

h) _______________________

i) _______________________

8. ¿Qué relatan los libros Históricos?_______________________

____

9. ¿Cuáles libros escribieron los Profetas Mayores?

a) _______________________

b) _______________________

c) _______________________

d) _______________________

10. ¿Por qué se llaman Profetas Mayores, qué tratan?

____

11. ¿Cuáles son los libros poéticos?

a) _______________________

b) _______________________

c) _______________________________

d) _______________________________

e) _______________________________

12. ¿Qué describen los Libros Poéticos?

____

13. ¿Por qué se llaman Profetas Menores, qué tratan?

____

14. ¿Cuáles libros componen los Profetas Menores?

a) _______________________________

b) _______________________________

c) _______________________________

d) _______________________________

e) _______________________________

f) _______________________________

g) _______________________________

h) _______________________________

i) _______________________________

j) _______________________________

k) _______________________________

l) _______________________________

15.   ¿Por qué nuestra Biblia no tiene los Libros Apócrifos?

____

16. ¿Cuántos libros tiene el Antiguo o Viejo Testamento?

____

17. ¿Cuál es el primer y último libro del Antiguo Testamento?

____

Primero_______________________________

Último _______________________________

LECCIÓN 9

APRENDIENDO ACERCA DEL NUEVO TESTAMENTO

Ciertamente, la palabra de Dios es viva y poderosa, y más cortante que cualquier espada de dos filos. Penetra hasta lo más profundo del alma y el espíritu...

Hebreos 4:12

El Nuevo Testamento es la parte de la Biblia cristiana compuesta por un conjunto canónico (autorizado) de libros escritos después del nacimiento de Jesús de Nazaret. El Nuevo Testamento, relata la vida y enseñanzas de Jesús, las cartas del apóstol Pablo y otros discípulos de la iglesia primitiva y el Libro del Apocalipsis. Los primeros cuatros libros los conocemos como, los Evangelios, y fueron escritos por los evangelistas Mateo, Marcos, Lucas y el apóstol Juan; en estos libros conocemos las enseñanzas de Jesús y todo lo que hizo en su ministerio.

La palabra Evangelio significa buenas nuevas o buenas noticias, por eso nosotros debemos conocerlas bien para ser portadores de buenas noticias a los perdidos.

El quinto (5) libro del Nuevo Testamento es el de Hechos de los apóstoles escrito por Lucas y este libro contiene parte de la historia de la iglesia en aquellos tiempos y especialmente los viajes misioneros del apóstol Pablo.

También encontramos las epístolas o cartas dirigidas a las iglesias fundadas por el apóstol Pablo y a los discípulos. El Apóstol

Pablo fue el que más cartas escribió, escribiendo unas 13 epístolas comienzan en Romanos y terminan con la carta a Filemón. Las cartas escritas por el apóstol Pablo, reciben el nombre de Epístolas Paulinas. En la mayoría de los casos, él utiliza el gentilicio de los habitantes para designar el nombre de la epístola, ejemplo:

- Roma-Romanos
- Éfeso-Efesios
- Colosa-Colosenses, etc.

En los demás casos, él utilizaba el nombre de la persona a quien era dirigida la carta , ejemplo:

- Tito,
- Timoteo, etc.

Además encontramos las cartas universales que son aquellas que tienen un contenido para toda la iglesia en general, escritas por otros apóstoles como Santiago, Judas, Pedro, y Juan.

Las Epístolas Paulinas son:

- Romanos
- 1,2 Corintios
- Gálatas
- Efesios
- Filipenses
- Colosenses
- 1,2 Tesalonicenses
- 1,2 Timoteo
- Tito
- Filemón
- Hebreos

Las cartas universales son:

- 1,2 Pedro
- Santiago
- 1,2,3 Juan
- Judas
- Apocalipsis

Por último la Biblia tiene el libro de Apocalipsis o libro de Revelaciones escrito por el apóstol San Juan mientras estaba desterrado en una isla llamada Patmos, donde él narra todo lo que Jesús le reveló llevándolo al cielo y le mostró las cosas que sucederían en los últimos días en la Tierra.

La Biblia fue escrita en rollos de papiros y hoy día para nuestra facilidad se le pusieron lo que conocemos como capítulos y versículos, los capítulos son aquellas numeraciones que tienen un tamaño mayor, mientras que los versículos son los números pequeños, dando así la facilidad de aprender de memoria y saber dónde encontrarlos. Existe una diferencia entre:

1. Romanos 8: 1-5 y

2. Romanos 8: 1, 5

La primera (Romanos 8: 1-5), indica que vamos a leer en el capítulo 8, los versículos del 1 hasta el 5. Aquí el guión, indica continuidad. La segunda (Romanos 8: 1,5), nos indica que vamos a leer en el capítulo 8, los versículos 1 y 5, la coma (,) nos indica separación. Además, debemos señalar que los versículos bíblicos tienen parte (a) y parte (b). la parte (a) es la primera parte del versículo y la parte (b) es la segunda parte del versículo, por ejemplo Colosenses 2:10 "Y vosotros estáis completos en él, (parte a) que es la cabeza de todo principado y potestad" (parte b).

También encontramos que muchas Biblias contienen referencia y concordancia; la referencia son las letras pequeñas encima o debajo de un versículo, que dá la facilidad de ver que en otro versículo de la Biblia se dice algo semejante o igual, y la concordancia nos ayuda como un diccionario a buscar palabras o frases en forma alfabética, esto nos permite saber donde están en la Biblia.

"La Biblia contiene la mente de Dios, el estado del hombre, el camino de salvación, la condenación de los pecadores y la felicidad de los creyentes. Sus doctrinas son santas, sus preceptos son comprometidos, sus historias son verdaderas y sus decisiones son inmutables. Léala para ser sabio, créala para ser salvo y practíquela para ser santo. Contienen luz para guiarlo, alimento para sostenerlo y consuelo para alentarlo. Juan 5:39

Es el mapa del viajero, el cayado del peregrino, la brújula del piloto, la espada del soldado y el itinerario del cristiano. Aquí se restablece el paraíso y las puertas del infierno son reveladas. Cristo es su gran tema, nuestro bien su diseño y la gloria de Dios su finalidad. Debe llenar la memoria, gobernar el corazón y guiar los pies. Léala lentamente, frecuentemente y en oración. Es una mina de riqueza, un paraíso de gloria y un rio de placer, es dada a usted en vida, será abierta en el juicio y recordada para siempre. Ella encierra la responsabilidad más alta, recompensará la verdad más grande y condenará a todos los que menosprecian su contenido sagrado". (GEDEONES)

Versículo a memorizar: Juan 5:39

GUÍA DE EVALUACIÓN

1. ¿Cuál es el primer libro del Nuevo Testamento?

____

2. ¿Qué significa el vocablo Evangelio?

____

3. ¿Cuáles son los cuatro Evangelios? Escriba su autor

I._______________________   Autor _______________________

II._______________________   Autor _______________________

III._______________________   Autor _______________________

IV._______________________   Autor _______________________

4. ¿De qué tratan los Evangelios?

____

5. ¿Quién escribió el libro de los Hechos? ¿De qué trata?

Autor_______________________________________

Trata sobre___________________________________

6. ¿Qué es una epístola?

____

7. ¿Qué son las Epístolas Paulinas, A quiénes estaban dirigidas y Para qué?

____

____

8. ¿Cuáles son las epístolas Paulinas?

a) ______________________________

b) ______________________________

c) ______________________________

d) ______________________________

e) ______________________________

f) ______________________________

g) ______________________________

h) ______________________________

i) ______________________________

j) ______________________________

k) ______________________________

9. ¿Qué utilizaba el apóstol Pablo para designar el noombre de las epístolas?

____

10. ¿Por qué se llaman epístolas universales y para qué se escribieron?

a)_____________________ Autor_____________________

b)_____________________ Autor_____________________

c)_____________________ Autor_____________________

d)_____________________ Autor_____________________

e)_____________________ Autor_____________________

11. ¿Quién escribió Apocalipsis y de qué trata?

Autor _____________________,

trata de _____________________

12. ¿Cómo está compuesto cada libro de la Biblia?

____

13. ¿ Cuál es la diferencia entre:

Romanos 8: 1-5 _____________________

Romanos 8: 1,5 _____________________

14) Señale la parte (a) y la parte (b) de este versículo. Proverbios 10:22

Parte (a) _____________________

Parte (b) _____________________

15. ¿Qué es la concordancia bíblica y cómo me ayuda?

____

16. ¿Cuál es el primer y el último libro del Nuevo Testamento?

Primero_____________________

Último_____________________

16. ¿Cuántos libros tiene el Nuevo Testamento?

____

LECCIÓN 10

APRENDIENDO A CONOCER LA IMPORTANCIA DE LA PALABRA DE DIOS

Grábate en el corazón estas palabras que hoy te mando.

Deuteronomio 6:6

La Biblia, es el conjunto de libros sagrados reconocidos por el Canon, prueba de la originalidad y verdad bíblica. Es la revelación de Dios al hombre por medio de su palabra escrita.

La Biblia fue escrita por unos cuarenta hombres, Dios inspiró a los escritores de la Biblia. (2 Timoteo 3: 16). Pedro dice que la inspiración vino por medio del Espíritu Santo, desde luego Dios a través del Espíritu Santo (2 Pedro 1:20-21)

La inspiración de las sagradas escrituras consiste en lo siguiente, la palabra griega para inspiración es Theopneustos (inspirado por Dios). Theo (Dios) pneustos (respiración) de donde inspirado significa: el que recibe aliento de Dios.

La misma palabra da testimonio como recibieron y trasmitieron el mensaje. Leer a: (Deuteronomio 18:18, 2 Samuel 23:2, Oseas 1:1, Jeremías 1:2, Ezequiel 1:3).

En conclusión Pedro dice (2 Pedro 1:21) que:

1. La escribieron hombres santos
2. No fue traída por voluntad humana
3. El Espíritu Santo la inspiró

La palabra de Dios es comparada con:

- **"Fuego y martillo**: es una metáfora usada por el profeta Jeremías (23:29), para señalar el carácter poderoso de la palabra de Dios". (**THOMPSON, J.A.**)
El fuego consume- devora cuando se manifiesta como juicio (Jeremías 5:14, Malaquías 3: 2)
El martillo quiebra, quebranta la dureza del corazón (Jeremías 51:20)
- **Miel**. La miel es símbolo de dulzura. David en el (Salmo 19:10) y Salomón (Proverbios 16:24) la menciona como símbolo de la palabra que endulza al alma.
- **Leche**. 1 Pedro 2:2. La leche es un alimento esencial e indispensable para los niños, sobre todo para crecer sanos.
- **Agua** : limpia, refresca, sacia la sed.
- **Lámpara:** guía, alumbra, ilumina el camino. Salmos 119: 105

En 2 Timoteo 3:16 encontramos algunas utilidades que tiene la palabra de Dios para la vida del cristiano:

- Es útil para enseñar.
- Es útil para redargüir: igual a reprender.
- Es útil para corregir.
- Es útil para instruir en justicia.

La palabra de Dios debe estar primero sobre el corazón, según Deuteronomio 6: 6-8, pues " el corazón era considerado como el asiento de la mente y la voluntad" (**Biblia Plenitud**). El creyente debe ser antes de hacer, es decir, lo que hacemos debe descansar sobre la base de lo que somos. El creyente debe vivir lo que enseña, él primero debe ser afectado, cambiado, por la palabra de Dios para que pueda ayudar a otros, pues " nadie puede dar lo que no tiene"

Debemos alimentarnos frecuentemente con la palabra de Dios. Deuteronomio marca la exigencia y la prontitud con la cual debemos alimentarnos.

1. Estarán en tu corazón (permanencia).
2. La repetirás (para repetirla hay que tenerla, la repetición es una estrategia publicitaria utilizada para fijar una información).
3. Hablaras de ella (hay que conocerla).
4. ¿Cuándo y dónde deben estar conmigo? Aquí habla de adverbio de tiempo y de lugar (en la casa, andando por el camino, al acostarme y al levantarme, en fin debo permanecer alimentándome siempre).

La palabra de Dios es de vital importancia para la vida del nuevo creyente, así como el recién nacido necesita leche para crecer fuerte y sano, de esa misma manera el nuevo creyente necesita la palabra. La palabra de Dios es el mapa del creyente, sin la palabra no sabemos dónde ir, es la fuente de la sabiduría, ignorarla es desconocer la vida. De ella emana nuestra fortaleza para resistir las tentaciones y soportar las pruebas, de ahí el mandato del Señor Jesús en Juan 5:39 "Estudien con exigencias las escrituras porque piensan que en ellas hayan la vida eterna. ¡Y son ellas las que dan testimonio en mi favor!"

Versíuculo a memorizar: 2 Timoteo 3:16

GUÍA DE EVALUACIÓN

1. ¿Qué es la Biblia? _______________________________

2. ¿Quién inspiró a los escritores de la Biblia?

____

3. Explique de forma sencilla ¿en que consiste la inspiración de las sagradas escrituras?

____

4. ¿Por qué la palabra de Dios es comparada con?

Fuego y Martillo _________________________________

Miel ____

Leche ____

Agua ____

Otras ____

5. ¿Cuáles son algunas utilidades de la palabra de Dios encontradas en II Timoteo 3:16?

- _________________________

- _________________________

- _________________________

- _________________________

6. Explique de manera sencilla por qué la palabra de Dios, debe estar primero sobre el corazón del hombre, según Deuteronomio 6:6-8

____

7. ¿Con qué frecuencia debemos alimentarnos de la palabra de Dios?

____

8. ¿Cuál es la importancia de la palabra de Dios para la vida del nuevo creyente? _______________________________

LECCIÓN 11

APRENDIENDO LA IMPORTANCIA
DE CONGREGARSE

No dejemos de congregarnos, como acostumbran hacerlo algunos, sino animémosno unos a otros, y con mayor razón ahora que vemos que aquel día se acerca.

Hebreos 10:25.

¿Qué es la iglesia?

El vocablo griego para la iglesia, descrito por Pearlman es: *"ekklesia"*, que significa: Asamblea de llamados. Este término se aplica a:

1. Todo el cuerpo de cristianos de una ciudad. Hechos 11:26
2. A una congregación. Romanos 16:5
3. Al cuerpo de todos los creyentes de la Tierra. Efesios 5: 32

Entonces, concluimos que la iglesia es: una compañía de personas llamadas y apartadas del mundo, que profesa y promete lealtad al Señor Jesucristo.

Algunos vocablos para describir a los cristianos que forman parte de la iglesia, son:

Hermanos: pues somos hijos del mismo padre (Juan 1:11-12)

Creyentes: porque creemos en el Señor Jesús.

Santos: porque somos apartados del mundo y consagrados para Dios.

Escogidos: porque hemos sido elegidos

Discípulos: porque somos sus seguidores

Cristianos: Pues nuestra religión gira alrededor de la persona de Cristo.

La iglesia es comparada con:

a)   El cuerpo de Cristo, pues en un cuerpo hay muchos miembros.

b)   El templo de Dios. 1Pedro 2: 5-6

c)   La esposa de Cristo, esta ilustración del Antiguo y del Nuevo Testamento, es para representar la unión y comunión de Cristo con su pueblo. 2 Corintios 11:2.

Según Hebreos 10:25, congregarse no es opcional: es un mandato y no cumplirlo nos califica como desobedientes. No es lo mismo ser cristianos aislados que cristianos congregados, los conocimientos, el crecimiento y la madurez adquirida en la familia de Dios, son diferentes. El rey David consideró como algo relevante, prioritario y gozoso el hecho de estar en la casa de Dios. Salmos 27:4; 84: 1,4, 10 y 122:1. Hay muchos beneficios en congregarse:

a)   Es bueno y nos deleita. Salmos 134: 1-4.

b)   Los incrédulos reciben salvación y los cristianos bendición

c)   Adquirimos conocimientos. Salmos 119: 130

d)   Somos fortalecidos con lo que Dios hace en otros, es decir, con los testimonios.

e)   Desarrollamos nuestros talentos y nuestro liderazgo.

f)   Adoramos al Señor juntos y esto nos da gozo.

g)   El/ La Pastor/a y el cuerpo de líderes se preocupan por nuestro bienestar integral y nosotros nos interesamos por otros.

h)   Trabajamos juntos para evangelizar a los perdidos.

i)   Nuestra fe es fortalecida al escuchar la palabra de Dios. Salmos 119: 130, Romanos 10: 17.

Nuestro deber como miembros de la iglesia, es:

1.   Asistir con frecuencia a los servicios. Hebreos 10: 25

2.   Poner nuestros talentos y habilidades al servicio del Señor y de los demás.

3.   Expandir el mensaje del Evangelio –Ganar almas para Cristo.

4.   Interesarnos por el bienestar de los demás, visitar y ayudar a: (viudas, enfermos, presos, huérfanos, hermanos con dificultades, etc.)

5.   Darles apoyo a los nuevos creyentes, acompañarlos en su crecimiento espiritual.

6.   Ayudar a sostener la iglesia del Señor con nuestros recursos económicos, con nuestros diezmos y ofrendas, pues la iglesia se sostiene con la ayuda financiera de sus miembros, pues con la misma se cubren todos sus gastos y se expande el mensaje del Evangelio. ¡No dejemos pues de congregarnos!

Versículo a memorizar: Salmos 84:10

GUÍA DE EVALUACIÓN

1. ¿Cuál es el vocablo para describir la iglesia y qué significa?

_________________________ : _________________________

2. Cite los vocablos que describen a los cristianos que componen la iglesia

a. _________________________

b. _________________________

c. _________________________

d. ____

e. ____

f. ____

3. ¿Con qué es comparada la iglesia?

a. ____

b. ____

c. ____

4. Congregarse, ¿es opcional?

   Si _______ No _________

Refuércelo bíblicamente ______________________________

5. ¿Cuáles son los beneficios de congregarse?

1. _______________________________________

2. _______________________________________

3. _______________________________________

4. _______________________________________

5. _______________________________________

6. _______________________________________

7. _______________________________________

8. _______________________________________

9. _______________________________________

6. Escriba lo que dice Hebreos 10:25

____

____

8. ¿Cuál es nuestro deber como miembros de la iglesia?

a. ____

b. ____

c. ____

d. ____

e. ____

f. ____

LECCIÓN 12

APRENDIENDO DE LAS PRUEBAS

Queridos hermanos, no se extrañen del fuego de la prueba que están soportando, como si fuera algo insólito.

1Pedro 4:12

Inmediatamente venimos a los pies de Cristo, surgen una serie de pruebas y dificultades que azotan nuestras vidas, esto no debe sorprendernos, pues no somos los únicos que estamos siendo probados en estos momentos. 1 Corintios 10:13, además, el Señor Jesús ya lo había advertido Juan 16:33, y lo más importante, es que las pruebas forman parte de la vida cristiana 1 Pedro 4:12.

"El vocablo probado, viene de *Peirazo* que significa: Probar, examinar, tratar, verificar. La palabra describe la prueba de la lealtad, la fe, la paciencia o el carácter cristiano (**Biblia Plenitud**)

Las pruebas son procesos con propósitos, son el método usado por Dios para purificarnos, forjar nuestro carácter a semejanza de Cristo, corregir aspectos de nuestras vidas (falta de fé, inmadurez, etc.), darnos alguna enseñanza, (pues en cada prueba hay una lección que aprender), hacernos fuertes.

Las pruebas pueden venir por:

a) Estar viviendo en un mundo pecaminoso.

b) Una decisión personal no tomada con sabiduría. Proverbios 14: 12. Ejemplo: Casarse con una persona no cristiana. Aún en estas circunstancias, el Señor tiene misericordia y nos ayuda a obtener lo mejor. Jeremías 15:19.

c) Decisiones que otros toman, por ejemplo: despido en el lugar de trabajo. Ejemplo bíblico: La decisión de los hermanos de José. (Génesis 50:20).

d) Nuestra fidelidad a Dios. Ser fieles a Dios, en muchas ocasiones nos provocará pruebas.
   - José. (Génesis 39: 7-21).
   - Daniel. (Daniel 3: 10-12).
   - Apóstol Pablo. (Hechos 16:16-18, 23, 25).

e) La soberanía de Dios en nuestras vidas. Es cuando Dios permite ciertas pruebas en nuestras vidas que nada tienen que ver con pecados cometidos, más bien vienen para corregir aspectos, defectos en nuestras vidas que no podemos corregir, viene por un lapso de tiempo e intensidad específica. (Job 1:20,21; 5: 17, 18). En Lucas 22:31-32, el Señor Jesús advirtió a Pedro que iba a ser probado, Jesús no oró para que Pedro no fuera probado, sino para que en medio de la prueba, su fe no le faltara.

Dios es un Dios de propósitos, por lo tanto, las pruebas tienen diferentes propósitos:

1. *Limpiar y purificar nuestras vidas.*

Hay reacciones, pensamientos y expresiones que no concuerdan con el propósito de Dios en nuestras vidas, que deben ser eliminados. Las pruebas manifiestan lo que hay en el corazón, luego de darnos cuenta de lo que hay en nuestro corazón, debemos autorizar al Espíritu Santo para que lo limpie y purifique. Salmos 139: 23, 24, Mateo 15: 19

2. *Probar nuestra fe.*

En medio de las pruebas sale lo que somos, creemos; las pruebas vienen para verificar cuánto confiamos en Dios y su palabra en los momentos difíciles, las pruebas son como un termómetro, miden cuanto creo que a los que amas a Dios, todo obra para bien. Romanos 8: 28

3. *Forjar nuestro carácter en semejanza a Cristo.*

Nuestro carácter debe ser pulido, limado hasta quitar todas las asperezas, imperfecciones que hay en él. Los frutos descritos en Gálatas 5: 22-24, deben evidenciarse en nuestras vidas, no importa la situación en que nos encontremos.

Algunos aspectos a recordar, mientras estamos en prueba:
- *"Dios controla cada aspecto de las pruebas.*
  Santiago 1:2-3. Él no manda una prueba y nos deja solos, Él está ahí vigilando todo para fortalecernos. (Salmos 91:15).

- *Él diseña cada prueba para que se ajuste a mi medida, a mi necesidad.*
  Las pruebas no llegan por error, son diseñadas a nuestro size, Él sabe en cual área necesito mejorar, o madurar, El Señor diseña la prueba exacta y prepara el ambiente adecuado para la misma. La prueba que tengo en este momento, es la que necesito para crecer, aprender a confiar en el Señor Jesús, ser más fuerte, etc.

- *El Señor Jesús, conoce nuestro límite de carga.*
  Él conoce cuantos kilos de prueba podemos soportar y no pondrá sobrepeso. Él nos conoce, Él no pone carga que no

podamos llevar. El Señor envía las pruebas por un lapso de tiempo y con un nivel de intensidad específica para lograr objetivos específicos. I Corintios 10:13 (**En contacto.org**)
El hierro deber ser sometido a alta temperatura, para que adquiera flacidez, pues sólo así puede colocarse en un molde y extraer de él, finas obras. El Señor Jesús, quiere hacernos fuertes como el hierro mediante el proceso de prueba.

Algunos aspectos a recordar son:

a)   Nuestra actitud durante las pruebas es determinante para obtener los resultados, debemos tener una actitud de: obediencia, humildad, paciencia.

Un hermano decía: "Que tanto es que Dios me prueba, que me coma ya". Debemos mantener una actitud adecuada, pues si nos revelamos, desobedecemos y hastiamos, retrasamos el desarrollo del plan de Dios para nuestras vidas.
"La paciencia es una virtud que tiene dos patas: el aguante y la perseverancia. La verdadera paciencia implica esperar, pero no es sólo esperar; es esperar con propósito. Un ejemplo bíblico de ésta, es José, después de haber sido vendido a esclavos por sus hermanos, fue transportado a Egipto, a donde sufrió. Si alguien tenía razón para volverse amargado, anidar odio y perder la fe en Dios, era José. Él no decidió procurar venganza, no negó su fe en Jehová, ni se designó a un destino miserable y un final amargo. Más bien, una y otra vez ofreció su vida a Dios; y Dios bendijo a José por su fe y paciencia de manera que él nunca pudo haber imaginado. José fue honrado en el salón de la fe que se encuentra en Hebreos 11, una lista de santos de Dios que perseveraron y

soportaron con paciencia toda prueba inimaginable... porque tenían esperanza". (**Ohíman, Dean**)

b) *Debemos depender de la oración.*

La oración en medio de las pruebas, nos ayuda a volvernos del problema y nos enfoca en Dios, quien es Todopoderoso. (Jeremías 32: 27; 33:3). Además, la oración revela cosas de mi propia vida que debo enfrentar si quiero crecer y madurar como cristiano/a.

Debemos pedir sabiduría cuando estamos en pruebas. (Santiago 1:5). A veces no sabemos que hacer, que camino tomar y es en estos momentos que debemos pedir sabiduría.

c) *Debemos congregarnos, Hebreos 10:25*

Esto nos ayudará, pues escucharemos testimonios que fortalecerán nuestra fe. (Romanos 10:17), mientras atravesamos el proceso de prueba.

Además escucharemos el mensaje edificante de la palabra de Dios que nos dará energía espiritual. Salmos 119: 92

d) *Debemos recordar que somos bienaventurados, si soportamos las pruebas. (Santiago 1:12).*

Soportar viene de dos palabras latinas: *Sup y Portare,* Sup = Sobre, soportar, y *portare = llevar.* Soportar es la capacidad de llevar sobre uno la tensión de la prueba, hasta que la obra de Dios se haya completado. Las pruebas son como las operaciones quirúrgicas, no son agradables, pues son dolorosas pero, si son muy necesarias. Debemos, soportar con un espíritu de sumisión, obediencia y paciencia.

e) *Debemos depender de lo que sabemos, no de lo que sentimos durante las pruebas.*

71

Romanos 8: 28, dice: "y sabemos…" Es el conocimiento de lo que Dios ha dicho en su santa palabra que nos hace estar firmes en los momentos de tribulaciones.

Como discípulos de Cristo, debemos nutrirnos de la palabra, para que ese conocimiento nos dirija durante las pruebas, no nuestras emociones ni sentimientos.

Uno de los conocimientos que nos alientan, es saber que las pruebas y sufrimientos no se comparan con la gloria que nos espera. Romanos 8:18.

No olvidemos que el dolor es un proceso con propósito, nosotros no atravesamos momentos difíciles, los momentos difíciles nos atraviesan a nosotros, para que reflejemos la bella imagen de Cristo Jesús.

Cuando estemos siendo probados no debemos preguntarle a Dios "¿Por qué?" sino ¿Para qué?, entendiendo que hay una lección que aprender, una área débil que fortalecer, una dimensión espiritual que subir, una actitud a cambiar, sobre todo debemos recordar, que el consuelo y el conocimiento recibido de parte de Dios mientras somos probados nos capacita para consolar y ayudar a otros que atraviesan por momentos de aflicción, somos consolados para consolar a otros, 2 Corintios 1:4.

Versículos a memorizar: Romanos 8:18 y Jeremías 15:19.

GUÍA DE EVALUACIÓN

1. ¿De dónde viene el vocablo "prueba" y qué significa ?

____

2. ¿Por qué pueden venir las pruebas?

a) _______________________________________

b) _______________________________________

c) _______________________________

d) _______________________________

e) _______________________________

3. Las pruebas tienen como propósito:

a) _______________________________

b) _______________________________

c) _______________________________

4. ¿Qué debemos recordar mientras somos probados, según:

Salmos 91:15 _______________________________

I Corintios 10:13 _______________________________

Romanos 8:18 _______________________________

5. ¿Cuál debe ser nuestra actitud mientras somos probados, según:

1Pedro 5:6 _______________________________

Jeremías 33: 3 _______________________________

Hebreos 10:25 _______________________________

Romanos 8:28 _______________________________

Hebreos 13:5 _______________________________

Santiago 1:2 _______________________________

6. Según 2 Corintios 1:4, ¿para qué nos es útil el consuelo recibido mientras somos probados? _______________________________

LECCIÓN 13

APRENDIENDO ACERCA DE LA TENTACIÓN

Por haber sufrido Él mismo la tentación, puede socorrer a los que son tentados.

Hebreos 2:18.

La tentación. Es una invitación para hacer algo que creemos que nos va a traer cierta satisfacción, pero que sabemos que viola una norma moral y espiritual. Cada día somos atraídos a hacer cosas que nos gustan, pero que no son correctas a la luz de la palabra de Dios. La tentación en sí, no es pecado, el pecado es caer, ceder a ella. Un momento de debilidad nos puede producir placer momentáneo y tristeza por toda la vida.

Hebreos 2: 18 y 4:15, nos muestra que Jesús fue tentado en todas las áreas que somos tentados, aunque jamás cedió al pecado, Jesús no pecó, no porque no pudiera hacerlo, pues en este caso no serviría de ejemplo para nosotros, sino, porque vivió en íntima comunión con su Padre Celestial.

Algunos personajes en el Antiguo Testamento que fueron victoriosos frente a la tentación:

José. Cuando huyó de la mujer de Potífar. (Génesis 39:7-12).

Abraham. Al rechazar una recompensa por el servicio prestado. (Génesis 14: 23).

Eliseo. Al rechazar pago por sanidad. (2 Reyes 5:16)

Job Al rechazar malos consejos. (Job 2:9, 10).

Recabitas y Daniel. Al rechazar el vino. (Jeremías 35: 5, 6; Daniel 1:8)

Cristo. Al rechazar la gloria del mundo. (Lucas 4:5-8).

(Discipulado Maestro 2)

- La tentación no tiene prejuicio, ataca a todos/as, a través de la tentación el pecado entró en el mundo, la tentación no procede de Dios, pero Él la permite. Santiago 1:13; somos vulnerables a la misma por el pecado que habita en nosotros. (Santiago 1:14).

Existen tres promotores de la tentación, que son:

1. El diablo, Satanás al ser expulsado del cielo, estableció su morada en los aires, desde donde ordena las acciones de los demonios entre los hombres, de ahí que debemos estar alertas, velando. (1Pedro 5:8).

2. El mundo. Mundo es igual a sistema corrompido de pecado.

3. La carne. Implica nuestra naturaleza pecaminosa, inclinada de forma natural a hacer el mal.

"Algunas preguntas que debo hacerme cuando estoy siendo tentado:

1. ¿Cuáles son las consecuencias si cedo a esta tentación?

- Ahora
- En el futuro
- Para otros
- Para mí

2. ¿Estoy listo para pagar el precio de este placer?

3. Hay otra forma de que esta necesidad o deseo se supla en forma correcta?" (**Encontacto.org**)

¿Cómo podemos vencer las tentaciones?

1. **Identifique su área de tentación** (su debilidad) y fortalézcase. Debemos identificar en cual área somos más vulnerables a ser tentados. (Marcos 9: 42-50).

    "Si tu ojo te es ocasión de caer"-

    "Si tu mano derecha te es ocasión de caer"

    "Si tu pie te es ocasión de caer, córtalo y échalo de ti."

    "¿Quiere esto decir que debemos apuntarnos las manos, pies o sacarnos el ojo? ¡Claro que no!

    Lo que significa es que el órgano de nuestro cuerpo que nos induce a la práctica del mal, debemos cambiar su posición en sentido opuesto al que está. Si las tentaciones nos entran por los ojos, debemos mirar en otra dirección y pedirle a Dios purifique nuestras miradas. (Hebreos 12:3).

    Si nuestros pies quieren andar en caminos peligrosos, debemos apartarnos". Proverbios 1:15, Isaías 30:21, etc. (**Discipulado-Maestro**). El alma utiliza el cuerpo para satisfacer sus apetitos (utiliza los ojos, manos, pies, etc.). Debemos autonegarnos (cortela) a complacer dichos apetitos, pues esto revelará que nuestra comunión con Dios es nuestra máxima prioridad.

    Debemos mantenernos lo más alejados posible de situaciones, lugares y personas que nos impulsan a pecar, debemos recordar que, una debilidad no corregida se convierte en una puerta de entrada para Satanás. El mejor ejemplo de esto fue Judas, que tenía ambición por el dinero y este deseo desmedido lo convirtió en el candidato ideal para traicionar al Señor, él no fue elegido de manera anticipada, más bien su debilidad lo autodesignó. De ahí la importancia que revisemos nuestro corazón a la luz de la Palabra de Dios y le pidamos al Espíritu Santo que nos muestre los pecados ocultos que hay en él. Pues nadie puede medir con anticipación los resultados de un pecado alojado y añoñado en el corazón. Luego de identificarlos, debemos fortalecer esa área débil con el conocimiento de la palabra de Dios y la oración.

2. **Aliméntese con la palabra de Dios**. (Hebreos 4: 12, 1 Pedro 2:2). La palabra de Dios nos da sabiduría y fortaleza para identificar las asechanzas del enemigo y resistirlas.

3. **Manténganse orando y vigilando** (Mateo 26:41) Orad y velad, para que no entréis en tentación. La oración nos da colirio espiritual o discernimiento de espíritu para identificar el disfraz del enemigo. Las tentaciones vienen maquilladas, Satanás cambió el traje de cachos, rabos, garfio, etc., ahora viene con trajes disimuladores. (2Corintios 2:11 y 11: 14, Mateo 16: 21- 23). Nos entretiene, adormece, distrae, etc. Necesitamos mantenernos en sintonía con Dios mediante la oración y vigilantes para detectar sus ataques disfrazados y evitar caer en sus trampas.

4. **Resista y huya de la tentación**. Resistir es soportar, aguantar sin ceder. Santiago 4:7, nos da la clave "Someteos pues a Dios, resistid al Diablo y de vosotros huirá". Si nos sometemos a obedecer a Dios en actitud humilde, tendremos la fortaleza para resistir los ataques del maligno. Si es necesario debemos huir, salir corriendo como lo hizo José.

5. **Manténgase ocupado/a**. Alguien dijo: "La mente desocupada es el taller de Satanás". Debemos mantenernos siempre ocupados en la obra del Señor o en la realización de alguna obra buena, para que el enemigo no se aproveche de la situación y nos incline a la tentación.

6. **Rindale cuenta a algún/a hermano/a en la fe que le sea leal**. En quien usted pueda confiar cuando se sienta débil en un área específica y pueda hablarle de cómo le va.

¿Qué hacer si a pesar de todos estos conocimientos caemos en la tentación?

Es mejor nunca caer en la tentación, pero si cae, levántese en el nombre del Señor y haga el ejercicio que hizo David cuando pecó: No olvide que Jehová es el Dios de la segunda oportunidad

- Reconozca que ha pecado, sea sincero con Dios. (Salmos 51: 4, 6).
- Pida al Señor, lo limpie de pecado. (Salmos 51: 7-12).
- Pida ser restaurado. (Salmos 51: 10-12).
- Acérquese de nuevo a Dios con humildad. (Salmos 51:16-17). Nunca debemos olvidar que:

"El verdadero arrepentimiento implica un cambio fundamental en nuestra perspectiva y actitud. No es pura tristeza por el pecado, eso es remordimiento. Es un cambio radical en nuestra manera de pensar. Se va a manifestar en un esfuerzo determinado, para fortalecernos en aquellas áreas en las que somos débiles y en las que hemos caído antes. Habrá una firme decisión de guardarnos del pecado:

El verdadero arrepentimiento significa permanecer alejados de la compañía de una persona cuya influencia nos corrompe, significa permanecer alejados de situaciones en la que nos sintamos inclinados a tropezar y a caer. Significa permanecer alejados de influencias contaminantes como películas, libros, revistas y el ciberespacio. Significa buscar a alguien a quien podamos dar cuentas cuando viajamos, alguien que nos ayude a ser honestos cuando estamos fuera de casa, sea lo que sea nuestro descarrío Dios lo aprovechará para hacernos más fuertes que nunca. Hasta de nuestro pecado Dios puede sacar algo bueno". Un buen ejemplo de esto fue Manasés cuyo nombre significa "olvidar". Después de haber pecado, se arrepintió sinceramente, luego de esto, Dios le dio 20 años más de gobierno. Tuvo un nuevo y mejor comienzo, y sacó el máximo provecho de ello (2 Crónicas 33: 13-16) llegó a ser uno de los reyes más grandioso de Judá, y durante 22 años fue un ejemplo grandioso para Israel de la gracia inimaginable de Dios, Dios hará lo mismo con usted, solo sea sincero con Dios, esfuércese y sea valiente, Josué 1:7. (**Roper, David y Manasés**)

GUÍA DE EVALUACIÓN

1) ¿Para usted que es la tentación?

____

2) ¿Por qué somos vulnerables a la tentación según Santiago 1:14?

____

3) ¿Cuáles son los promotores de la tentación?
a) ____
b) ____
c) ____

4) ¿Qué utiliza el alma para pecar?

____

5) ¿Qué debemos hacer ante estos deseos?

____

6) Cómo podemos vencer la tentación?
a) ____
b) ____
c) ____
d) ____
e) ____
f) ____

7) ¿Qué podemos hacer si caemos en la tentación según
Salmos 51: 4,6 ________________________________
Salmos 51: 7-10 _______________________________
Salmos 51: 10-12 ______________________________
Salmos 51: 10,17 ______________________________

8) ¿Cuáles preguntas debe hacerse cuando está frente a la tentación?
a) ____
b) ____
c) ____

LECCIÓN 14

APRENDIENDO A ADMINISTRAR SU DINERO (EL DIEZMO Y LAS OFRENDAS)

Llevarás a la casa del Señor tu Dios lo mejor de tus primicias.

Éxodo 23:19

Una de las doctrinas bíblicas más ignoradas y que tiene más enemigos dentro y fuera de la iglesia, es la de diezmar y ofrendar. Es ignorada, porque los líderes no tomamos la responsabilidad de enseñarla como una doctrina importante, sin ella, la obra del Señor no puede progresar.

Comenzamos preguntándonos ¿Qué es el diezmo? Según la palabra del Señor, es la décima parte de lo que poseemos, es decir, que de todo lo que tenemos debemos consagrar al Señor el 10%. Esto es una exigencia de Dios a sus criaturas.

El primer ser humano en practicar el diezmo fue el patriarca Abraham. (Génesis 14: 19-20). Esta historia nos habla que después de una victoria militar, rescatando a su sobrino Lot, fue bendecido por Melquisedec, sacerdote del Dios altísimo, "entonces Abraham le entregó los diezmos de todo". La Biblia nos habla de esta persona como una de las más bendecidas en su época. (Génesis 13:2).

La doctrina del diezmo se practicó durante todo el antiguo testamento. El mismo Dios hizo que en el periodo de la ley de Moisés, su práctica fuera obligatoria. (Levítico 27:30).

La ley del diezmo era tan fuerte que las personas que la descuidaban le caían una maldición de parte del Señor. (Malaquías 3:8-10). Según esta cita de la Biblia, el hombre se consideraba un ladrón y por lo tanto quedaba bajo maldición. Como creyentes debemos tener presente que lo primero que hay que hacer cuando recibimos nuestro salario o donaciones es sacar el diezmo del Señor y después distribuyamoslo o que nos queda, administrándolo conforme a la bendición que el Señor nos haya dado.

La no mención frecuente de la doctrina del diezmo en el Nuevo Testamento, tiene su justificación.

Creo firmemente que no era necesario su mención o explicación porque fue muy común en el Antiguo Testamento. Las personas que se convertían al Señor en la época de Cristo, conocían bien esa práctica; si la conocían no era necesario que se la enseñaran de nuevo. De manera, que porque no se mencione con mucha frecuencia en el Nuevo Testamento, no significa que no fue practicada por los primeros cristianos, es decir, no se enseñaba sobre el diezmo, porque era una práctica conocida de ellos. En el relato del publicano y el fariseo, este último revela que diezmaba cuando dijo: "Doy el diezmo de todo lo que gano" (Lucas 18:12 y Mateo 23:23).

¿Para qué debe usarse el diezmo en la iglesia?

Muchas personas creen que los diezmos son para los pastores, de ahí las expresiones: "no voy a mantener a ningún hombre con mi dinero", "los pastores son unos vagos y unos ladrones". Es bueno que usted comprenda que los diezmos son del Señor como ya lo dijimos antes. La iglesia usa los diezmos para el avance de la obra del Señor.

La iglesia tiene un presupuesto de gasto fijo que ninguna institución suple, cada iglesia es la responsable económicamente para suplir los gastos que ella misma genera. La iglesia paga a los ministros que le sirven, la Biblia dice: "los que anuncian el Evangelio vivan del Evangelio". (1Corintios 9:13-14). Si los ministros están sirviendo al Señor y a la iglesia, la misma iglesia es la que desea que sus ministros se dediquen solo al trabajo espiritual a tiempo completo. También existen otros gastos fijos en las iglesias, los diezmos como soporte del presupuesto de la iglesia junto con las ofrendas nos ayudan para pagar agua, luz, teléfonos, combustibles y a los empleados; también para comprar equipos, construir templos, levantar nuevas iglesias, enviar misioneros a otros lugares y también socorrer a los pobres.

El diezmo es una muestra de fe y obediencia. Algunas personas dirán que eso solo fue en la ley de Moisés. Como enseñamos al inicio, el primer hombre que diezmó fue Abraham, no existía la ley, este fue un hombre de fe, por algo se le llama el Padre de la fe. Todos los que diezmamos lo hacemos por amor y obediencia al señor, el no diezmar se constituye en falta de amor por su obra y desobediencia a su palabra. Cuando hablamos de diezmar estamos enseñando que 10% de todos nuestros ingresos le pertenece al Señor, no es opcional, Dios fue muy específico cuando dijo "el diezmo es mío" (Malaquías 3:8-10).

Los diezmos no se dan, se pagan ¿Por qué? (Hebreos 7:9). Los diezmos se pagan porque son una deuda. El Señor lo puso en nuestras manos solo como administradores, eso es ajeno y lo ajeno se respeta. Piense cuando alguien le da a guardar algo, usted no se atreve a usarlo sin el consentimiento del dueño, así debe ocurrir con las finanzas que el Señor puso en nuestras manos.

El Señor fue lo suficientemente claro cuando dijo donde se deben llevar. "Traigan los diezmos al alfolí", el alfolí era el almacén donde se guardaban todos los productos que el pueblo traía a la casa del Señor como diezmo. Debemos tener presente que la economía de Israel casi en su totalidad era agropecuaria. Algunos cristianos creen que no importa el lugar ni las personas donde se llevan o se reciban los diezmos, que lo necesario es que se paguen; pero debemos hacer algunas aclaraciones. Aunque la palabra alfolí no se encuentra en el Nuevo Testamento, ¿Cuál es la institución adecuada para llevar los diezmos al Señor? Me parece que debe ser la iglesia donde usted pertenece, donde usted se alimenta. No está bien que los cristianos paguemos los diezmos a instituciones, ministerios o programas de radio y televisión. Usted no tiene que repartir lo que le pertenece al Señor, Él ha puesto a la iglesia para que se encargue de eso.

¿Quiénes debemos diezmar?, ¿las personas con capacidad económica baja, están exoneradas? La gracia de diezmar es una bendición que todos debemos experimentar. No es solo para una clase social, es una linda experiencia hasta para los que no se han convertido. Tengo un testimonio reciente de una joven que asiste a la iglesia, pero no es una cristiana. Ella diezma con alegría, porque desde que comenzó a hacerlo económicamente le va mejor. Usted no debe esperar que la situación le cambie para diezmar, diezme y la situación le cambiará. Me parece saludable que los nuevos creyentes comiencen a diezmar antes de bautizarse. Eso le creará compromiso con la obra de Dios.

Los líderes de la iglesia tenemos que ser los primeros en ser fieles con los diezmos, porque el mejor maestro es el ejemplo.

Como hemos dicho anteriormente, el diezmo es la décima parte de sus ingresos que le pertenecen al Señor. La ofrenda es adicional, no se paga sino se da. Según San Pablo la ofrenda es voluntaria, como se proponga en el corazón y debe hacerse con alegría, porque Dios ama al dador alegre. Tengo que decirle con mucha responsabilidad que no se deje engañar por nadie en cuanto a ofrendar para la obra. Usted debe de saber que se hace con el dinero que damos para la obra no se deje engañar. ¡Hay muchos vivos! Finalmente recuerde que todo le pertenece al Señor. Solo somos administradores de los bienes que Él puso en nuestras manos 1Crónicas 29:14

> **Versículos a memorizar: Malaquías 3:8-10 y 1 Crónicas 29:14.**

GUÍA DE EVALUACIÓN

1. ¿Qué es el diezmo?

____

2. ¿Cómo era el diezmo en el Antiguo Testamento?

____

3. ¿Quién fue el primero en diezmar en el Antiguo Testamento?

____

4. Explique con sus palabras Malaquías 3: 8,9, ¿qué ha prometido Dios a los que obedecen?

____

5. ¿Por qué no se menciona con frecuencia el vocablo diezmo en el Nuevo Testamento?

____

6. ¿Para qué es utilizado el diezmo, hoy en día en las iglesias?

____

7. El diezmo, ¿es muestra de fe y obediencia?

Si______   No ______

¿Por qué?____

8.No diezmar se constituye un acto de ___________________

9. ¿El diezmo es específico, necesario y no es opcional?

Sí______   No ______

¿Por qué?____

10. ¿El diezmo se paga o se da, según Hebreos 7:9?

____

11. ¿Dónde debemos diezmar y a quién?

____

12. ¿Debe ser el pago del diezmo (siempre y cuando la persona tenga la capacidad económica para hacerlo) un prerrequisito para ser bautizado y para ocupar puestos de liderazgo en la iglesia?

____

Explíque.____

13. ¿Cuál es la diferencia entre diezmo y ofrenda?

____

14. ¿Qué dijo Pablo sobre las ofrendas?

____

15. ¿La ofrenda es voluntaria y abierta?

Si_________   No ______

¿Por qué?____

16. ¿De qué damos según 1Crónicas 29:14?

____

17. Cómo interpreta Proverbios 11: 24-25? ________________

LECCIÓN 15

APRENDIENDO A SERVIR A LOS DEMÁS

Porque ni aun el hijo del hombre vino para que le sirvan, sino para servir y para dar su vida en rescate por muchos.

Marcos 10:45

El servicio, es como un ave en vía de extinción, sin embargo para nosotros los creyentes en Cristo, el servicio no es una opción, es un estilo de vida.

Servir, viene de "abad" y significa trabajar para algo, servir, laborar para alguien; ser un siervo; adorar. De esta raíz verbal proviene "ebed" que significa siervo, esclavo u obrero. Un siervo generalmente, es alguien que actúa bajo la dirección de un superior. La aplicación más significativa de este término la encontramos en el título mesiánico "siervo de Jehová" de Isaías. **(Biblia Plenitud)**.

Servir es tan importante como hablarles del Señor Jesucristo a las personas, pero suena más fuerte. Las personas pueden olvidar una palabra, pues el oído es deficiente (olvidamos pronto), pero jamás olvidarán una acción solidaria o un gesto de amor. El Señor Jesucristo tuvo una vida de servicio a su paso por la Tierra. Nosotros sus discípulos, debemos seguir sus pisadas… "pues como es Él, así somos nosotros en este mundo". El expresó y demostró que vino a servir a los demás. (Marcos 10:45). Su ejemplo es un desafío para que vivamos una vida de servicio. (Juan 13:15).

De hecho, el Señor Jesús señaló que: el elemento identificador en sus discípulos es el amor en Juan 13:35. El amor constituye la prueba del discipulado, es más que un sentimiento. Se manifiesta en cada una de nuestras acciones, decisiones y maneras de comportarnos. El apóstol Pablo señala en Colosenses 3: 23, 24 que cualquier cosa que hagamos, debemos hacerla de buena gana, como si la hiciéramos para el Señor sabiendo que Él nos recompensará.

Nuestro servicio debe descansar sobre la base del amor, pues servir sin amar nos convierte en filántropos. (I Corintios 13:3).

Debemos dar una mirada diferente a las personas y observaremos cuál es su verdadera necesidad así como lo hizo el buen samaritano. El servicio es como las muñecas sin rostro, debemos servir a todos/as, no importa su nivel intelectual, social, credo religioso, etc. Podemos servir en:

- Hospitales: llevándoles alimentos y (dándoselos si es necesario) cuidándoles, comprándoles recetas o dándoles cualquier servicio que ellos necesiten, más que palabras un enfermo necesita acciones de amor.
- Cárceles, orfanatorios, asilos, centros de rehabilitación.
- Nuestra comunidad
- Nuestros familiares, amigos, extranjeros, viudas, huérfanos
- Hermanos de la iglesia, etc.

"Cristo ordena que tengamos conciencia social (Mateo 25: 35-46). Estos son los principios por los cuales las personas serán juzgadas:

Su trato hacia los que tienen hambre, que están sin hogar, que son pobres y están enfermos o en prisión. El interés por la sociedad no puede ser divorciado, biblicamente del andar cristiano. "A Jehová presta el que da al pobre, y el bien que ha hecho se le volverá a pagar". (Proverbios 19: 17).

Jesús compara nuestro trato hacia quienes están en desgracia con nuestro trato hacia Él. Lo que hacemos por ellos, lo hacemos para él (Santiago 2: 14-17)" (**Biblia Plenitud**)

Concluyo con esto:

Estando en un debate me acompañaba un hombre de la iglesia popular, él relataba que estuvo en un país de Medio Oriente, había perdido su equipaje al llegar al aeropuerto, sin embargo, en ese mismo lugar, encontró a un señor que le sirvió de guía turístico, lo hospedó en su casa, le buscó ropa y al final, cuando él venía de regreso a su país, al despedirse de esa persona le preguntó: ¿es usted cristiano? Pues este hombre entendía que este derroche de amor y atenciones solo podría brotar de un corazón donde habitara el Señor Jesucristo.

Cada día tenemos diversas situaciones y oportunidades donde podemos servir a los demás, debemos aprovecharlas, pues de esta forma nos identificamos como hijos de Dios y ayudamos a los demás.

Versículo a memorizar: Juan 13:15, Marcos 10: 45

GUÍA DE EVALUACIÓN

1. ¿De dónde viene y que significa el vocablo servir?

____

2. ¿Qué dice este versículo de la vida de servicio de Jesús? Marcos 10: 45

____

3. Con qué compara Jesús nuestro trato hacia quienes están en desgracia?

____

Juan 13:15 _______________________________________

I Juan 4: 17 _______________________________________

4. Según Mateo 25: 35-46, cuáles necesidades podemos suplir?

____

5. ¿Sobre qué base debe descansar nuestro servicio según

1Corintios 13:3_______________________________________

6. ¿A quienes debemos servir?

____

7. Podemos servir en:

- _______________________________________
- _______________________________________
- _______________________________________
- _______________________________________
- _______________________________________
- _______________________________________
- Otros_______________________________________

8. Con qué compara Jesús nuestro trato hacia quienes están en desgracia?

____

9. Según Mateo 25: 36-46, cuáles necesidades podemos suplir?

____

____

____

____

Otras _______________________________________

LECCIÓN 16

APRENDIENDO ACERCA DE LA SANIDAD DIVINA

El perdona todos tus pecados y sana todas tus dolencias.

Salmos 103: 4

La sanidad divina es parte integral del Evangelio según lo muestra el Nuevo Testamento (Lucas 4:18, 19, Mateo 10:7, 8, Lucas 10:9, Hechos 5:12, 15, 16).

Tanto la enfermedad como la muerte han venido como consecuencia del pecado, (Génesis 3:19). Jesús vino para abolir toda maldición que ha traído el pecado. (Génesis 3:16, 17).

Dentro de los beneficios que Dios ha provisto para su pueblo, están el perdón de pecados y la sanidad, (Salmos 103:1-3). Según Isaías 53: 4, la sanidad fue incluida dentro del paquete de la salvación. "Llevó Él nuestras enfermedades", este verbo significa "tomar sobre sí mismo" o llevar una carga. "y sufrió nuestros dolores", estas palabras aluden a enfermedades tanto espirituales como físicas, (**Biblia Plenitud**). Esto significa, que la muerte de Cristo ofrece al hombre perdón de pecados y sanidad divina.

Dios es todopoderoso (Jeremías 32:27) y puede sanar cualquier enfermedad, sin embargo; en algunas ocasiones, Él puede utilizar alguna enfermedad para desarrollar propósitos específicos en la vida de sus hijos. De ahí la importancia de que si no hemos sido sanados por Dios, no abandonemos el tratamiento médico, si Dios nos ha sanado los médicos lo certificarán, cuando Jesús sanaba a los enfermos, los enviaba donde el sacerdote quien expedía el certificado de sanidad (Marcos 1:40-44). Por eso no debemos aferrarnos a una sanidad que Dios no ha realizado, Dios es todopoderoso, pero es soberano, Él nos sana cuando Él quiere, de otra forma permite las enfermedades para desarrollar sus planes en nuestras vidas. No es pecado estar sometido a un tratamiento médico, no olvidemos que es nuestro Dios quien le ha dado la sabiduría a los médicos. Daniel 2: 21. Y el mismo Señor Jesús específico que son los enfermos quienes necesitan a los médicos. Mateo 9: 12. Si después de haber orado permanecemos enfermos, recordemos las palabras de Jesús "bástate mi gracia" y su consuelo en esos momentos, que nos ayuda a consolar a otros.

Por otra parte, en Santiago 5:13, 14, el apóstol nos manda a ungir a los enfermos con aceite, Santiago hace énfasis en el poder sanador de Dios por medio de la oración que acompaña al ungirlo con aceite. El apóstol nos manda a ungir a los enfermos con aceite, este no es un aceite especial, puede ser un poco de aceite de oliva tomado con fines de orar por los enfermos. No existe aceite ungido, más bien, aceite para ungir a los enfermos, no es el aceite que sana, sino el poder de Dios.

Por último, cuando visitamos a un enfermo, no debemos condenarlo diciéndole que su enfermedad se debe a que ha cometido un pecado o desobediencia, tampoco debemos desanimarlo indicándole que no tiene esperanza de mejorar; más bien, debemos darle el mensaje positivo de la palabra de Dios y orar por él para que su fe sea fortalecida, Santiago 5: 14, 15.

Versículo a memorizar: Isaias 53:4

GUÍA DE EVALUACIÓN

1. ¿Son las enfermedades producto de haber cometido algún pecado?

____

2. ¿La sanidad divina está incluida en el paquete de la salvación, según Isaías 53:4?

____

3. ¿Debo declararme sano por la "fe" y abandonar el tratamiento sin la autorización médica? Relaciónelo con Marcos 1:40-44

Si _______   No __________

Explique su respuesta ___________________________

4. ¿Según Daniel 2: 21, quién le ha dado la sabiduría a los médicos?

____

5. Según Santiago 5:14,15, ¿Existe aceite ungido o aceite para ungir a los enfermos?

____

6. ¿Qué debo decir y hacer cuando visito a una persona enferma? Refuércelo con citas bíblicas.

____

LECCIÓN 17

APRENDIENDO ACERCA DE LA IMPORTANCIA DEL ESPIRITU SANTO

Y yo rogaré al padre y os dará otro consolador, para que este con vosotros para siempre.

Juan 14:16.

El Espíritu Santo es la tercera persona de la trinidad. En Génesis 1:2, se presenta al Espíritu Santo moviéndose sobre el universo antes de su creación, él tuvo una participación activa en la creación del hombre, Dios dijo: "Hagamos al hombre a nuestra imagen conforme a nuestra semejanza". Génesis 1:26. Aquí se está invitando al hijo y al Espíritu Santo a participar en la creación del hombre.

El Espíritu Santo tiene atributos que corresponden a una persona:

a. ***Intelecto***. El Espíritu Santo escudriña y conoce las cosas de Dios (Isaías 40:13, Romanos 8:27, 1 Corintios 2:10, 11).

b. ***Emociones***. El Espíritu Santo se entristece cuando los cristianos pecamos (Efesios 4:30)

c. ***Voluntad***. Él distribuye los dones como él quiere (Hechos 16: 6-10; 1 Corintios 12:11).

"El Espíritu Santo realiza actos que corresponden a una persona, sus acciones no se le pueden atribuir a una mera influencia o fuerza.

a) Enseña. (Juan 14:26)
b) Da testimonio (Juan 15:26, Romanos 8:16)
c) Guía (Romanos 8:14)
d) Refrena (Génesis 6:3)
e) Manda y dirige (Hechos 8:29)
f) Elige para servicios especiales (Hechos 13:2)
g) Intercede (Romanos 8:26)
h) Regenera (Juan 3:6)
i) Consuela (Juan 14:16)
j) Nos ayuda en nuestras debilidades (Romanos 8:26a)

El Espíritu Santo se relaciona con seres humanos y se le puede:

a) Mentir (Hechos 5:3)
b) Resistir (Hechos 7:51)
c) Reverenciar (Salmos 51:11)
d) Blasfemar (Mateo 12:31)
e) Injuriar (Hebreos 10:29)" (**Charlie C., Ryrie**)

Algunos nombres dados al Espíritu Santo son:

Espíritu de **Dios**. (Éxodo 31:3), Espíritu de **Jehová**, (Jueces 13:25), Espíritu de **Cristo**, (Romanos 8:9), **El consolador** (Juan 14:16), Espíritu de **verdad** (Juan 14:17), Espíritu **Santo** (Lucas 11:13, Hechos 2:4), Espíritu de **gracia** (Hebreos 10:29), Espíritu de **vida** (Romanos 8:2), Espíritu de **adopción** (Romanos 8:15). (**Biblia Plenitud**)

El Espíritu Santo también se representa con unos símbolos para describir sus operaciones:

- **fuego**. (Hechos 2:1,2), representa el poder de Dios para santificar, purificar.
- **viento** (Hechos 2:1, 2,), el viento es invisible, es poderoso, sopla dondequiera.
- **agua**. (Juan 7:37, 39), representa la vida abundante del cristiano.
- **un sello**. (Efesios 1:13), representa que somos propiedad exclusiva de Dios.
- **aceite**. (Hechos 10:38), era utilizado para ungir y apartar.
- **una paloma**. (Juan 1:32) representa la pureza y la paz (**Charles C., Ryrie, **).

El Espíritu Santo realizó obras de suma importancia tales como:

1. participó en la creación (Génesis 1:2)
2. inspiró las escrituras (2 Pedro 1:21)
3. la acción de engendrar a Cristo (Lucas 1:35)

El Espíritu Santo, tuvo una participación activa en el Antiguo Testamento. Él descendía a una persona en particular en un momento determinado y para realizar una labor específica, (dicha persona era revestida de poder para la realización de esa tarea). Es decir, el Espíritu Santo descendía de manera temporal, no permanente a la vida de las personas. Algunos ejemplos son:

- Bezalel (Éxodo 35:30, 32)
- Gedeón (Jueces 6:34)

- Sansón (Jueces 14:6)
- David (1Samuel 16:13)

El Espíritu Santo realizó un ministerio selectivo en el Antiguo Testamento, es decir, él seleccionaba las personas sobre las cuales descendía y realizaba una tarea con los hombres no en los hombres.

Versículo a memorizar: Juan 14: 17

GUÍA DE EVALUACIÓN

1. ¿Quién es el Espíritu Santo y cuál fue su participación en la creación? ____

____

2. ¿Cuáles atributos posee el Espíritu Santo?

a. ____

b. ____

c. ____

3. ¿Cuáles actos realiza el Espíritu Santo en el creyente?

a. ____

b. ____

c. ____

d. ____

e. ____

f. ____

g. ____

h._______________________________

i. _______________________________

j. _______________________________

4. Según estos versículos, ¿al Espíritu Santo se le puede?

a. Salmo 51:11_______________________________

b. Mateo 12:31_______________________________

c. Hechos 5:3_______________________________

d. Hechos 7:51_______________________________

e. Hechos 10:29_______________________________

5. Mencione los nombres dados al Espíritu Santo.

a._______________________________

b._______________________________

c._______________________________

d._______________________________

e._______________________________

f. _______________________________

g._______________________________

h._______________________________

i. _______________________________

j. _______________________________

6. Mencione los símbolos y las operaciones del Espíritu Santo.

a._____________________ ,_______________________________

b._____________________ ,_______________________________

c. _________________ , _________________

d. _________________ , _________________

e. _________________ , _________________

f. _________________ , _________________

7. ¿Cuáles obras realizó el Espíritu Santo, según?:

a. Génesis 1:2 _________________

b. Lucas 1:35 _________________

c. 2 de Pedro 1:21 _________________

LECCIÓN 18

APRENDIENDO ACERCA DEL BAUTISMO EN EL ESPIRITU SANTO

Todos fueron llenos del Espíritu Santo y comenzaron a hablar en diferentes lenguas.

Hechos 2:4

EL Espíritu Santo es nuestro amigo y ayudador. En nuestro andar cristiano, encontramos diversas pruebas y nuestro amigo el Espíritu Santo está justo ahí a nuestro lado para darnos sabiduría, dirección, gozo y paz. Por naturaleza somos orientados a desanimarnos, tirar la toalla, abandonar el barco, cuando nuestros planes resultan frustrados, pero el Espíritu Santo está a nuestro lado para decirnos "No temas, yo te ayudo, yo estoy contigo, avanza".

El Espíritu Santo fue prometido a los discípulos, en (Lucas 24:49); se les ordenó quedarse en Jerusalén hasta que fuesen investidos del poder del Espíritu Santo, pues ellos tenían una obra que realizar en un lugar específico y en un tiempo determinado y solo la podrían realizar cuando el Espíritu Santo descendiera sobre ellos, Hechos 1:8. De igual manera, el Espíritu Santo viene a nuestra vida para ayudarnos a cumplir la ardua tarea de predicar el Evangelio a los perdidos, ayudarnos a vencer la tentación, ayudarnos a abandonar actitudes que no le agradan a Dios y ayudarnos a ser cristianos auténticos. De ahí la importancia de que oremos para ser bautizados en el Espíritu Santo.

El Señor Jesús señaló que el Espíritu Santo es para todos (Hechos 2:39) y descendería para habitar en (dentro) y con nosotros (acompañándonos) con carácter de permanencia. Además puntualizó que el Espíritu Santo es propiedad exclusiva de los cristianos (Juan 14:17).

El día de Pentecostés, los discípulos que estaban en el aposento alto fueron impactados por el Espíritu Santo, como evidencia inmediata de este bautismo, hablaron en otras lenguas, Hechos 2:1-4. Esta acción de hablar en otras lenguas, se repitió en otros lugares y otras situaciones. Hechos 10:46; 19:6.

"La Biblia Plenitud señala que, el propósito esencial de esa experiencia, era ofrecer un testimonio poderoso. Hechos 1:8. Y tener una profunda dimensión del compromiso cristiano, de dar frutos de: bondad, justicia, verdad, gratitud y humildad. Efesios 5:19-21, Gálatas 5:22, 23.

Cuando habla de otras lenguas, se refiere aquí a idiomas o lenguaje humano no conocido por quienes lo hablaban, pero si por otras personas. Hechos 2:6. "Y comenzaron a hablar", señala que la experiencia continuó por un período de tiempo indefinido" (**Biblia Plenitud**)

El Espíritu Santo, no era propiedad exclusiva de la iglesia primitiva, fue enviado a todos los que creen, (Hechos 2:39). Cuando él desciende y llena una vida, hay evidencias físicas de su presencia, (hablamos en otras lenguas) como ocurrió en la iglesia primitiva. Es bueno señalar que el bautismo del Espíritu Santo se recibe una sola vez, mientras que ser llenos del Espíritu Santo debe ser constante. Además de tener la experiencia de hablar en otras lenguas, el apóstol Pablo señala que, debemos permanecer "...llenos del Espíritu" (Efesios 5:18). El tiempo verbal "sed llenos" está en imperativo, es una orden e implica que debemos permanecer siendo llenos continuamente. Significa esto, que así como el alcohol dirige la mente, palabras y acciones de un borracho, debemos dejar que el Espíritu Santo dirija nuestros pensamientos palabras y acciones cada día y bajo cualquier circunstancia.

Ryrie señala que: "De modo entonces, que estar lleno del Espíritu significa simplemente estar sometido a la dirección de dicho Espíritu. Algunos resultados de ser llenos del Espíritu Santo:

- Tendremos un carácter semejante al de Cristo (Gálatas 5: 22-23)
- Tendremos un corazón agradecido (Efesios 5:20)
- Tendremos un Espíritu de sumisión unos con otros (Efesios 5:21)
- Tendremos un Espíritu de servicio (Juan 7:37-39)

Ser llenos equivale a que el Espíritu Santo, tenga dominio completo-total y exclusivo- de todas las cuestiones y áreas de la vida del cristiano. Este tipo de dominio constituye un requisito previo para adquirir la semejanza a Cristo, para la alabanza, sumisión y para el servicio" (**Charles C., Ryrie**)

Todos debemos cada día pedir en nuestras oraciones ser bautizados en el Espíritu Santo, pues esta experiencia maravillosa indicará el antes y el después de nuestra vida cristiana, el Espíritu Santo es imprescindible para vivir una vida cristiana fructífera y victoriosa, pero mientras somos bautizados y después de serlo, debemos permanecer controlados y dirigidos por el Espíritu Santo cada día y bajo cualquier circunstancia.

Versículos a memorizar: Hechos 2:39 y Efesios 5:18

GUÍA DE EVALUACIÓN

1. ¿Quién prometió a los discípulos el Espíritu Santo?

____

2. ¿Qué debían hacer los discípulos en Jerusalén, antes de la llegada del Espíritu Santo?

____

3. Lea Hechos 1:8 y complete:

a. ¿Qué iban a recibir? ________________________

b. ¿Cuándo? _________________________________

c. ¿Para qué? ________________________________

d. ¿Dónde iban a ser testigos? _________________

4. ¿Cuál es la evidencia inicial inmediata del bautismo en el Espíritu Santo?

____

5. ¿Qué hicieron algunos creyentes en la iglesia primitiva después de ser bautizados en el Espíritu Santo?

____

6. ¿Era el bautismo en el Espíritu Santo propiedad exclusiva de la iglesia primitiva? Sustente con citas bíblicas.

____

7. Establezca la diferencia entre ser bautizado y ser lleno del Espíritu Santo

____

8. ¿Cuáles son los resultados de ser llenos del Espíritu Santo?

- ____

- ____

- ____

- ____

LECCIÓN 19

APRENDIENDO A PERDONAR

Perdonad y seréis perdonados

Lucas 6:37

Perdonar, viene de *Apoluo*, que significa dejar suelto, liberar. Indica dejar una persona libre como en un acto judicial. (**Biblia Plenitud**)

Lucas 6: 37, dice: "Perdonad y seréis perdonados", significa liberad y seréis liberados. Perdonar, es dar amor cuando el enemigo espera y merece desprecio, es dar misericordia cuando el ofensor merece odio y venganza.

El perdón, es un acto mediante el cual la persona ofendida permite la libertad de quien lo ofendió. Si alguien le ofendió, tiene que ser castigado por usted, quien perdona renuncia voluntariamente a ese derecho. No existe reparación por la angustia que sufrió, no ajusta cuentas, el ofendido sale del mundo de la ley (ojo por ojo), para entrar en el mundo de la misericordia, se siente feliz en darle una oportunidad al ofensor para que medite.

"Tampoco se alegra con la culpa o el dolor del otro. Uno de los mensajes más poderosos que podemos predicar al mundo, es el perdón. Las personas descubrirán que nuestra fe significa mucho y que estamos dispuestos a renunciar a cualquier orgullo, dolor, agresión y extender el olivo de la paz. Dios es la fuente del perdón, Él nos perdonó, pero además nos da el poder para perdonar a los demás" (**Discipulado**)

El perdón no es inicialmente un sentimiento, es una elección que va más allá de los sentimientos, es una actividad de la voluntad, que ha sido dirigida por el conocimiento. Perdonar es un asunto de decisión, yo decido liberar a mi ofensor. Fui abandonada desde pequeña por mi padre, nunca recibí ni su amor ni su apoyo, entendía que todos los problemas que tuve que enfrentar fueron a causa de su abandono y por eso sentía dolor y rechazo hacia mi padre. Un día estando en un culto, el Espíritu Santo me dijo: "Tienes que perdonar a tu padre, yo te voy a ayudar, ora por él y no hables del asunto". Fue a partir de ese momento que comencé a experimentar liberación, yo decidí reciclar ese dolor para que me hiciera más fuerte y madura y así usarlo para ayudar a otros, alguien dijo: "Lo que no nos mata, nos hace fuerte".

Algunos conceptos errados que nos impiden perdonar, son:
1. Perdonar te hace una persona débil
2. Perdonar es concederle la razón a tu ofensor y admitir que estabas en un error
3. Si el culpable es el otro, por qué debo perdonarlo?
4. Si perdono, puede pensar que estoy de acuerdo con lo que hizo.
5. Perdonar me expone a que esa persona me repita el mismo daño

Estos conceptos errados del perdón, nos colocan en la posición de víctimas y nos ayudan a aferrarnos a los pensamientos renconrosos, debemos mantenermos abiertos a la posibilidad de modificar nuestro concepto del perdón a la luz de la palabra de Dios. Debemos tener en cuenta que:
1. Para perdonar, no debemos depender de lo que nos dictan los sentimientos, la obediencia se antepone a los sentimientos

y es solo cuando obedecemos que nuestros sentimientos cambian. El conocimiento de lo que indica la palabra de Dios, es lo que debe dirigir nuestras acciones hacia el ofensor, no el dolor de mi herida. Por tanto, concluimos que, perdonar es un asunto de decisión, no de sentimiento.

2.   Perdonar es el pre-requisito para ser perdonados. (Lucas 6:37).

3.   No perdonar nos coloca en la posición de homicidas (1 Juan 2:9, 11 y I Juan 3:15).

4.   Tener un espíritu no perdonador, es un obstáculo para que nuestras oraciones sean escuchadas (Marcos 11:25)

Existen algunas ideas erradas respecto al perdón, como por ejemplo:"Quien no olvida, no perdona" ¿Es esto cierto?

El mejor ejemplo de que no siempre olvidamos las ofensas, lo dio José en Génesis 50: 20. Él les recordó a sus hermanos la magnitud de su ofensa, pero la recordó sin dolor. De ahí, desprendo mi concepto sobre el perdón:"Perdonar es recordar sin dolor".

Sólo si tenemos un problema en el área que controla la memoria a nivel cerebral (hipocampo) o tenemos memoria selectiva, será posible olvidar. Tengamos presente "el mandato no es olvidar, sino perdonar".

"¿Cómo puede olvidar:

- Una madre a quien le mató a su hijo/a?
- Una joven violada, a quien la violó?
- Un hijo/a al padre que lo/a abandonó?

Perdonamos, aunque recordemos lo sucedido, porque perdonar me devuelve mi libertad y comunión con Dios.

Otro aspecto importante del perdón, es que, no siempre perdonar me repara el daño recibido. Ejemplo:

- La joven violada, no se le devuelve su virginidad

- El hijo abandonado no repara el tiempo perdido y el daño sufrido
- La madre no se le devuelve su hijo" (**Lahaye**)

Sin embargo, el amor de Cristo que ha sido derramada en nuestros corazones nos ayuda a cubrir las ofensas y hacerlo con sinceridad. Todas las veces que sean necesarias. Mateo 18:21-22

"Al hablar de perdonar, debemos aclarar algunos puntos, perdonar NO es:

1. Ignorar las ofensas o disimularlas (las situaciones no cambian porque la ignoremos)
2. Dejar que el tiempo sane las heridas.
3. No es hacer las paces. Tanto el perdonado como el que perdona, tienen que tener conciencia del error, para que no lo repitan y puedan seguir adelante". (**Discipulado, Maestro 2**)
4. No es olvidar.
5. No es minimizar el daño de manera aparente. Cuando perdonamos tenemos que ser realistas y evaluar la situación en toda su dimensión, sobre la base de la verdad. Cuando perdono, debo recordar que he sido perdonado, que tengo todo el potencial para ofender a los demás, que soy igual que mi ofensor. Esto me ayuda a tener misericordia con quien me ofendió. (**Discipulado, Maestro 2**)

Un aspecto a tener en cuenta cuando no perdonamos es la venganza. Nunca debemos tomar venganza, pues ésta pertenece a Dios. Él dijo: "Mía es la venganza, yo pagaré, dice el Señor". Vengarnos es servirle el mismo plato al ofensor.

Lahaye cita un refrán que dice: "Al devolver un mal nos colocamos por debajo de nuestros enemigos. Al vengarnos, nos ponemos a la misma altura, pero al perdonar nos colocamos por encima de él".

"La venganza tiene el efecto del boomerang, es como el hombre que se pega un tiro, con el fin de herir al enemigo con el culatazo del alma. No hay circunstancias especiales donde el creyente pueda vengarse, la regla no admite excepciones, Dios ha dicho que se ocupará del asunto a su manera y a su tiempo. La vigilancia de Dios no pasa por alto nada, su justicia no tiene fallas. A veces, podemos hacer uso de nuestras posiciones para vengarnos: "Soy su jefe, pastor o su líder".

No hay excepciones, nunca estamos en la posición correcta para ejecutar justicia como individuos particulares, si ocupamos ese lugar, estamos pisando un terreno que no nos corresponde estar. (Génesis 50:19)." (**Lahaye, Tim**). Josh Billings afirmó: "No existen una venganza tan completa como el perdón".

Por último, veremos que la meta del perdón es la reconciliación, pero

¿Qué pasa si el ofensor:

- ¿Está en estado de demencia?
- ¿Se muere?
- ¿No quiere?
- ¿No admite su falla?
- ¿Se muda?

Hay ocasiones en las que nos es imposible estar en contacto con quien nos ha ofendido o perjudicado, en este caso, si la persona murió, podemos hacerle una carta, donde le expresemos lo mal que nos sentimos por su actitud hacia nosotros. O podemos poner una silla vacía frente a nosotros e imaginarnos que la persona esta ahí y desahogarnos, expresarle nuestro dolor. O también podemos abandonar el hecho, dejar las cosas en las manos del Señor y pasar a otra.

(2 Corintios 2:1). Pablo estaba diciendo que había decidido por un acto de la voluntad modificar sus emociones de tristeza.

No debemos olvidar, ni minimizar las maquinaciones de Satanás, pues el trata de desenfocarnos y distraernos del plan de Dios para nuestras vidas. (Filipenses 4:13) nos dice: "Todo lo puedo en Cristo, que me fortalece"

Perdonar nos trae múltiples beneficios, algunos de ellos son:
1. Me hace recibir el perdón de Dios (Mateo 6: 14)
2. Me libera.
3. Damos testimonio de que somos hijos de Dios (I Juan 2:6)
4. Es un indicador de que tenemos vida espiritual (I Juan 3:14)
5. Es saludable, terapéutico y menos costoso (nos evita diversas enfermedades)
6. Avivamiento espiritual
7. Reconciliación

Meyer cita que hay un principio terapéutico que dice: "La gente herida, hiere a los demás". "De ahí la importancia de que seamos sanados interiormente para que esto no afecte nuestras relaciones interpersonales.

Debemos además de perdonar a los demás, orar por las personas que nos han ofendido, para que Dios les ilumine y reconozcan el daño que han causado, y no sigan más engañados.

Por último, debemos pedirle al Espíritu Santo discipline nuestra lengua y nos ayude a no hablar más del tema, en principio nos veremos tentados a remover el caso, pero Dios nos ha dado un Espíritu de dominio propio, debemos ser obedientes a la voz del Espíritu Santo y no obedecer al deseo de abrir de nuevo la herida, no olvide perdonar nos deja mejores resultados que cargar con el dolor" (**Meyer, Joyce**)

> **Versículo a memorizar: Mateo 6:14**

GUÍA DE EVALUACIÓN

1. ¿De dónde viene y qué significa el vocablo perdonar?

____

2. ¿De qué debemos depender cuando perdonamos?

____

3. ¿Es cierto que quien no olvida no perdona? (Génesis 50:20).

____

4. Según Lucas 6:37, perdonar es pre requisito para

____

5. "No perdonar obstaculiza mi _____________________, según" Marcos 11:25.

6. Según Génesis 50:19, si decidimos vengarnos estamos ocupando el lugar de ____

7. ¿Qué debo hacer si no hay forma de reconciliarme con mi defensor? ____

8. ¿Para usted cuáles son los beneficios de perdonar?

1) ____

2) ____

3) ____

4) ____

9. Escriba su propio concepto del perdón

____

10. Según Mateo 18: 21-22, ¿cuántas veces debe perdonar a quién le ofende? ____

11. Escriba tres conceptos errados que le impiden perdonar

1)_______________________________

2)_______________________________

3)_______________________________

LECCIÓN 20

APRENDIENDO A PERDONARNOS Y A RECIBIR EL PERDÓN DE DIOS

Yo soy el que por amor a mí mismo borra tus transgresiones y no se acuerda más de tus pecados. Isaías 43:25

En muchas ocasiones antes de llegar a ser cristianos o ya siéndolo, cometemos algunas faltas, errores o nos podemos ver envueltos en accidentes involuntarios... que nos resultan difíciles perdonarnos. A veces no nos perdonamos el hecho de haber tomado ciertas decisiones o cometer ciertas faltas y más difícil aún nos resulta, recibir el perdón de Dios.

En diversas ocasiones somos bombardeados por pensamientos de culpabilidad, nos sentimos sucios, indignos, culpables, cuando esto nos ocurre debemos recordar que, no debemos ignorar las maquinaciones de Satanás, quien puede tenernos enfocados en un sentimiento de culpabilidad que no nos deja avanzar.

Dios no tiene los pecados clasificados por categorías, más grandes, más pequeños. Para Dios todos los pecados pesan lo mismo y Él no tiene que utilizar menos o más poder dependiendo del pecado del hombre para perdonarlo, Él usa la misma formula para perdonarnos: "se acuerda que somos polvos". Tiene presente que somos frágiles, vulnerables a pecar y por eso al "corazón contrito y humillado...". (Salmo 51: 16, 17) que se acerca en busca de perdón "no lo despreciarás tú oh Dios".

De ahí que "si confesamos nuestros pecados... La sangre de Jesucristo su hijo nos limpia de todo pecado". (1Juan 1:9)

Basta con que el hombre le duela haberle fallado a Dios. (2Corintios 7:10) y confiese sus pecados y se aparte de ellos para que reciba la misericordia de nuestro Padre Celestial. Proverbios 28:13.

El perdón se recibe por fe en la palabra de Dios y esto tiene como resultado que obtenemos la paz de Dios. Romanos 5:1

Si después de dar estos pasos, vienen pensamientos de duda sobre el perdón que hemos recibido o sentimientos de culpabilidad, debemos apoyarnos del conocimiento de lo que Dios dice en su palabra; debemos depender de la palabra de Dios, no de nuestros sentimientos, (1Juan 2:1). Bisagno cita: "Tenga la seguridad que aunque sus sentimientos fluctúen, Él ha dado su promesa y su palabra no cambia. Si después de haber confesado su pecado, todavía persiste la duda respecto al perdón, pueden pasar dos cosas:

1. O no era una verdadera confesión, y en ese caso debemos examinar nuestros motivos y aseguramos de que nuestra intención fue correcta y así confesamos y abandonamos nuestros pecados de nuevo.

2. O la convicción viene de Satanás, la Biblia dice que 'el es el acusador de los hermanos y se deleita en molestar nuestros corazones y nuestra memoria con los pecados pasados, recuerde a (Santiago 4:7) " Resistid al diablo y huirá de vosotros"

Cite con sus palabras (1Juan 1:9), el Diablo no resiste la palabra de Dios. Si después de esto, aún persisten los pensamientos, escriba en una hoja de papel los pecados o el pecado que más le moleste, encienda un fósforo o cerilla y queme el papel, ore en un corazón:

"Señor así como el fuego quema este pedazo de papel, yo creo que la todo poderosa sangre de Cristo quema mis pecados eternamente. La ayuda visual ayudará su corazón a saber lo que su mente ya cree" (**Bisagno, Juan**).

Debemos recibir el perdón gratuito y completo de Dios y luego olvidarnos. No debemos meditar en nuestras faltas o errores pasados, debemos perdonarnos a nosotros mismos y admitir que como humanos pudimos equivocarnos o que incurrimos en alguna falta de manera involuntaria y pasar a la otra página. El corazón de Dios está abierto para cada uno de nosotros, nosotros debemos tomar la porción de perdón que necesitamos y seguir adelante en la vida.

No hay pecado tan grande, horrendo e irreprochable que Dios no pueda perdonar, la Biblia señala que mientras más abundó el pecado, la gracia sobreabundó (La gracia de Dios, no es una licencia para pecar, es el remedio por si pecamos), esto no es una licencia para pecar, más bien es una cláusula que nos explica que no importa la altura o la profundidad del pecado, todos los pecados califican para aplicarle la sangre de Cristo y ser perdonados, basta con que el pecador tenga la actitud de humildad necesaria para acudir a Jesucristo en busca del perdón y recibirlo mediante la fe. El enemigo trae nuestro pasado al presente para atormentarnos, nos hace sentir sucios todavía y dudar del perdón que hemos recibido, debemos recordar que el perdón de Dios no se basa en lo que hayamos hecho, sino en lo que Cristo hizo en la cruz.

Si Dios no se acuerda de nuestros pecados, ¿por qué hemos de hacerlo nosotros todo el tiempo? Debemos hacer como dijo Pablo e Isaías (Filipenses 3:13,14) "olvidando ciertamente lo que queda atrás, prosigo al blanco..." e Isaías 43:18,19 "No os acordéis de las cosas pasadas, ni traigáis a la memoria las cosas antiguas", debemos enfocarnos en la nueva vida que el Señor nos ha regalado.

> **Versículo a memorizar: 1 Juan 1:9.**

GUÍA DE EVALUACIÓN

1. ¿Qué debemos hacer si tenemos sentimientos de culpabilidad por pecados pasados?

____

2. ¿Qué necesitamos para ser perdonados, según:

Salmos 51:16, 17 _______________________________

Proverbios 28:13 _______________________________

2Corintios 7: 10 _______________________________

3. ¿Cuál es el resultado del perdón según Romanos 5:1?

____

4. ¿Qué necesitamos hacer para recibir el perdón de Dios? Según 1Juan 1:9

____

5. El perdón se recibe por_____________ en la palabra de Dios y como resultado obtenemos la _____________________ de Dios. Romanos 5:1

6. Si después de ser perdonados persisten los pensamientos acusatorios, qué debemos hacer según

Filipenses 3:13,14_______________________________

Isaías 43: 18, 19 _______________________________

LECCIÓN 21

APRENDIENDO A ADORAR A DIOS

Pero tú eres santo, tú que habitas entre las alabanzas de Israel

Salmo 22:3

El vocablo "adorar" proviene lat. *adorâre*). Significa reverenciar con sumo honor o respeto a un ser, considerándolo como cosa divina. Reverenciar y honrar a Dios con el culto religioso que le es debido. (**Biblia Plenitud**)

Adorar a Dios es el reconocimiento de lo que Dios es, es postrarse, reconociendo su poder, majestad, señorío, es humillarse, rendirse ante su presencia, es un estilo de vida (Salmos 95:6)

Algunas de las razones por la que adoramos a Dios son:

- Fuimos creados para adorarlo (Isaías 43:21) (Efesios 1:5-6 y 12)
- Porque Él es nuestro Dios (Salmos. 95:6)
- Él es digno de ser alabado (salmos 18:3)
- Él es nuestro creador (Salmos. 95:7) (Apocalipsis 5:13.)
- Porque Él es bueno y para siempre es su misericordia (Salmo 100:5)
- Por su gran amor para salvarnos Juan 3: 16 (Apocalipsis 5:9,10)

Cuando adoramos a Dios, somos beneficiados, algunos de esos beneficios son:

- Tenemos la garantía de su presencia (Salmos 22:3)
- Nos da la victoria en medio de las dificultades. Hechos 16: 25-26
- Tenemos intimidad con Él (Salmos 25:14)
- Nos da la oportunidad de confesar nuestro amor hacia Él (Salmos18:1)
- Recibimos gozo (Salmos 16:11)

"Dios busca verdaderos adoradores. Esta expresión nos da a entender claramente que existe una adoración falsa, realmente Dios no quiere que lo adoren por un cumplido, o por una costumbre religiosa, Él quiere que lo adoremos con respeto, con el conocimiento de quien es Él y porque debemos adorarlo. Malaquías 1:6- 8) Dios es espíritu y como tal es nuestro espíritu que debe conectarse en adoración con Él. La carne y el espíritu viven en una lucha constante, la carne siempre se opondrá a que usted adore a Dios, por eso debe adorarse a Dios en espíritu. (En verdad) con el conocimiento a través de su palabra de quien es Dios, pues bien Jesús le dijo a la samaritana ustedes adoran lo que no conocen, debemos tener en cuenta a quien va dirigida nuestra adoración para que sea efectiva.

La verdadera adoración no es una mera fórmula o un ceremonial, sino una realidad espiritual que está en armonía con la palabra de Dios, que es espíritu. La adoración debe ser también en verdad, o sea, transparente, sincera y de acuerdo con el mandato bíblico". (**Biblia Plenitud**)

La adoración no solo se expresa cuando levantamos nuestras manos y alabamos con nuestros labios, los creyentes adoramos a Dios con todo lo que somos y hacemos, adoramos cuando: oramos, servimos a otros, diezmamos y ofrendamos, somos empleados responsables, asistimos a la iglesia; pues la adoración es un estilo de vida.

Debemos adorar a Dios en todo tiempo, la palabra de Dios dice: "Bendeciré a Jehová en todo tiempo su alabanza estará siempre en mi boca" (Salmos 34:1) Esto significa en tiempo de abundancia, en tiempo de escasez, en salud o enfermedad, porque nuestra adoración no debe estar condicionada por las circunstancias que nos rodea. Debemos recordar que fuimos creados para adorar a Dios y Él se complace con nuestra adoración (Salmos 147:11). De ahí la importancia, de que decidamos por adelantado adorar a Dios y obedecerle en todo tiempo, como lo dice en Daniel 3: 17-19 y Habacuc 3: 17-19. Pues, Dios es nuestra fortaleza y podemos declarar con toda seguridad que Él vendrá a nuestro auxilio y podremos decir como el apóstol Pablo que dijo: "A los que aman a Dios todas las cosas les ayudan para bien".

Cuando le adoramos, suceden cosas maravillosas, experimentamos su amor, su poder, su salvación, su perdón, su restauración tanto la sanidad física como espiritual.

Versículo a memorizar: Salmo 95: 6-7.

GUÍA DE EVALUACIÓN

1. ¿Qué significa el vocablo "adorar"?

____

2. ¿Que es adorar a Dios?

____

3. ¿Por qué adoramos a Dios?

____

4. ¿Cuáles son lo beneficios de adorar a Dios?

a.____

b.____

c.____

d.____

e.____

5. ¿Por qué Dios busca verdaderos adoradores?

____

6. Explique de forma sencilla ¿qué implica adorar a Dios en espíritu y verdad?

____

7. ¿Adoramos solo cuando alabamos a Dios y levantamos las manos?

____

8. ¿Qué significa la frase: la adoración es un estilo de vida?

____

9. ¿Debemos adorar a Dios en todo tiempo?

Si___ No___ ¿Por qué?______________________________

____

10. ¿Debemos decidir por adelantado adorar a Dios en todo tiempo?

____

11. ¿Qué ocurre cuando le adoramos?

____

LECCIÓN 22

APRENDIENDO SOBRE LA SEGUNDA VENIDA DE CRISTO

Pero el día y la hora nadie sabe, ni aún los ángeles de los cielos, sino solo mi padre.

Mateo 24:36

La Segunda Venida de Cristo, representa la esperanza bienaventurada de todos los creyentes en Cristo Jesús. ¿Por qué hablamos de una primera fase de la Venida de Cristo? Para dar respuesta satisfactoria a esta interesante pregunta, tenemos que mencionar, que en cuanto a la venida de Cristo a la Tierra existen tres épocas importantes que se deben conocer bien. ¿Cuándo fue la primera vez que Cristo vino a la Tierra? Su primera venida tiene que ver con su sobrenatural engendro por la voluntad del Espíritu Santo en el vientre de María. Cuando José, al darse cuenta que María estaba embarazada, quiso dejarla secretamente; fue ahí cuando el ángel se le apareció en sueño y le dijo: "José, hijo de David, no temas recibir a María tu mujer, porque lo que en ella es engendrado, del Espíritu Santo es" (Mateo 1:20). Sí, así fue: La primera venida de Cristo, fue cuando se humanó. De manera inexplicable por los hombres, Jesucristo siendo Dios, se hizo ciento por ciento hombre, para con el derramamiento de su sangre inmaculada en la cruz del calvario, convertirse en el redentor de la humanidad. La segunda venida de Cristo está dividida en dos fases:

- ***Primera fase***: ocurrirá cuando Cristo venga en el aire a levantar a su iglesia
- ***Segunda fase***: luego de ocurrir siete años (después de levantar a su iglesia), Cristo descenderá a la Tierra con sus santos, con gran gloria y poder, para establecer su reino de mil años.

Para mayor aclaración sobre este importante tema acerca de las diferencias entre la primera fase de la segunda venida de Cristo y la segunda fase de su venida, observemos también lo que nos dice el escritor Jorge D. Beckwith, en su libro: "El Plan Profético de Dios", nos dice: "La segunda venida de Cristo se divide en dos fases. Muchos teólogos se confunden porque no se dan cuenta de esto. Estas fases están separadas por un período de siete años; es decir, el período de la Gran Tribulación. La primera fase, el arrebatamiento de la iglesia, se realizará al final de la dispensación de la gracia. Aquí Cristo vendrá **POR** su iglesia, para recibirla en el aire. En la segunda fase, que se efectuará al final de la Gran Tribulación, Cristo vendrá **CON** su iglesia y sus ejércitos celestiales para juzgar a las naciones y establecer su reino en la Tierra".

Los pasajes de las Escrituras que tienen que ver con el levantamiento de la iglesia, son: Daniel 9:27 (Primera parte del versículo); Mateo 24:36-44; 1Tes. 4:13-17; y 2 Tesaloniscenses 2:6-12.

Los pasajes de las mismas sagradas Escrituras, que tienen que ver con la segunda venida de Cristo, son: Zacarías 14:3-4; Daniel 9:27 (la parte final); Mateo 24:9-32; Marcos 13:24-26; Apocalipsis 19:11-16, entre otros tantos más.

Le recomendamos leer detenida y cuidadosamente los versículos correspondientes a estos dos importantes eventos y observar detenidamente las marcadas diferencias que existe entre ambos acontecimientos.

El tema de la venida de Cristo ocupa un espacio especial en las sagradas Escrituras, es así que la primera fase de la segunda venida de Cristo, se menciona más de 300 veces en el Nuevo Testamento.

Se le llama la segunda venida de Cristo, porque en este glorioso evento Cristo vendrá en las nubes a levantar a su iglesia. Con el levantamiento de la iglesia, conocido también como "rapto", iniciará en la Tierra el período de los siete años de la Gran Tribulación (Jeremías 30:7; Apocalipsis capítulos 6 al 18); y en el cielo: Alabanzas de los santos al Altísimo y las bodas del Cordero (Apocalipsis capítulo 18)

La forma de su venida está bien explicada por el apóstol Pablo en 1Tesalonicenses 4: 13 al 18. Como este glorioso evento está aquí tan bien explicado por el apóstol, basta dedicar un poco de tiempo a su lectura.

Cristo mismo declaró, primero, en Mateo 24:36, que dice: "Pero del día y la hora nadie sabe, ni aún los ángeles de los cielos, sino sólo mi Padre". Segundo, en el versículo 42, del mismo capítulo, dijo: "Velad, pues, porque no sabéis a qué hora ha de venir vuestro Señor".

En Marcos 13:42, que es un pasaje paralelo a Mateo 24:36, Jesús agregó en la última parte del versículo: "...ni el Hijo (sabe el día de su venida), sino mi Padre". Debemos aclarar, que no es que en el tiempo presente Jesús no sepa el día que Él va a venir a buscar a su iglesia. Hay que tomar en cuenta que cuando Él dijo eso, todavía Él estaba aquí en la Tierra. Por la naturaleza humana que lo envolvía durante su ministerio terrenal, Él verdaderamente, no sabía; pero después que fue glorificado, sí, sabía, y sabe todo.

Nuestro Señor Jesús en tal virtud, advierte a la iglesia y a sus siervos, sobre que hay que hacer para estar preparados. Pongamos mucha atención a la siguiente alerta que hizo Jesús a sus seguidores en el evangelio de Lucas, cap. 21 versículo 36. En   cuanto a la preparación espiritual de sus seguidores ante tal acontecimiento glorioso, dijo Él:

"Velad, pues, en todo tiempo orando que seáis tenidos por dignos de escapar de todas estas cosas que vendrán, y de estar en pie delante del Hijo del Hombre".

Para ver algunas señales de su venida, por favor, agarre su Biblia y tómese un poquito de su tiempo para que usted mismo (a) conozca las diferentes señales; en los pasajes que presentamos a continuación encontrará fenómenos naturales, epidemiológicos, morales, sociales, económicos, políticos y religiosos, que estarían afectando a la humanidad como resultados de las profecías dichas por nuestro Señor Jesucristo, que vendrían antes del levantamiento de su iglesia. Léase, por favor: Mateo 24: 1-28; Marcos 13: 3-23; Lucas 21: 7:24. Léase también lo dicho por el apóstol Pablo al joven Timoteo: 1Timoteo 4: 1-5; 2Timoteo 3:1-9.

El propósito fundamental del levantamiento de la iglesia, es cumplir su promesa, o pacto de bodas con su novia, que es la iglesia y compartir la herencia del reino de su Padre celestial injertando a su iglesia, ahora su esposa, como miembro de la familia de Dios para vivir con Él por toda la eternidad. En ningún otro lugar encontraremos mejor explicación que en los siguientes pasajes bíblicos, por favor, léalos: Juan 14: 1.4; 1Pedro 1:3-8.

Pablo describe el carácter de los hombres en los postreros días, según II Timoteo 3:1-5 Cuando Pablo habla de la peligrosidad de los tiempos postreros, aunque es bien cierto apunta a los días en que todavía el joven Timoteo iba a estar en vida, pero es cierto también que el pasaje tiene un fondo profético; es decir, se está refiriendo además a los malos tiempos que estamos viviendo dentro de las épocas sucesivas, hasta toca también las puerta de la modalidad postmoderna de nuestros días. Habla de una sociedad narcisista ("Habrá hombres amadores de sí mismos", 3:2); este pasaje presenta a una sociedad impía, que practica la doble moralidad, hedonista (que rinde culto al placer: "amadora de los deleites más que de Dios, 3:4). Según Pablo, el carácter de los hombres impíos de hoy estaría preñado de: avaricia, vanagloria, egoísmo, incredulidad, soberbia, blasfemia, crueldad, desobediencia, ingratitud, impiedad, inmoralidad, crisis de identidad, calumnia, traición, hipocresía, etc., etc.

Es importante notar que Pablo no le dice a Timoteo, algo así como convive con ellos, mézclate con ellos, sino: "...éstos evita" (versículo 5)

¿Cómo debo prepararme para su venida?

Como muy bien ya hemos leído en las advertencias hechas por Jesús y por sus santos apóstoles a la iglesia, el creyente debe estar preparado, viviendo en santidad y consagración a Dios, buscando la presencia del Señor en ayuno y oración; procurando vivir una vida llena del poder del Espíritu Santo para vencer a Satanás, a la carne y al pecado, y para predicar el evangelio de salvación con poder a las almas perdidas. El cristiano debe sacar suficiente tiempo para leer su Biblia cada día, para edificar su alma y su espíritu, y para orientar su mente en el conocimiento de la Palabra de Dios para no dejarse engañar por los tantos falsos profetas, falsos maestros y falsos predicadores que tanto abundan en nuestros días. El cristiano debe estar bien preparado, esperando, ya sea que le llegue el momento de partir con el Señor, o que el Señor se aparezca en el aire a levantar a su iglesia.

> **Versículo a memorizar: 1 Tesalonicenses 4:16, 17.**

GUÍA DE EVALUACIÓN

1. Cuándo fue la primera venida de Cristo a la tierra?

____

2. ¿Cuáles son las fases de la segunda venida de Cristo? Explíquelas

1era. fase: ______________________________________

2da. fase: _______________________________________

3. ¿Con qué frecuencia se menciona la segunda venida de Cristo en el Nuevo Testamento?

____

4. ¿Por qué le llaman la segunda venida de Cristo?

____

5. ¿Cómo será la forma de su segunda venida?

____

6. ¿Cuándo será su venida? refuerce con cita bíblica

____

7. ¿Cuáles son las señales de su venida?

____

8. ¿Cuál es el propósito de su venida?

____

9. ¿Cómo describe Pablo el carácter de los hombres en los postreros días, según II Timoteo 3:1-5?________________________

10. ¿Cómo debo prepararme para su venida?

____

LECCIÓN 23

APRENDIENDO A DESARROLLAR UNA VIDA DEVOCIONAL

Para mí, el bien es estar cerca de Dios. He hecho del Señor soberano mi refugio para contar todas sus obras.

Salmos 73: 28.

Diariamente sentimos la necesidad de ingerir alimentos que nos proporcionan las energías que utilizamos en la vida diaria. Alimentarnos no es una opción, es una necesidad. Debemos comer a diario, de lo contrario, estaremos mal nutridos y moriremos. La vida espiritual es igual a la vida física, se nutre de los momentos que pasamos a solas en devoción con nuestro Señor Jesús.

El momento devocional, es el tiempo que pasamos en compañía con el Señor Jesús, donde le expresamos nuestro amor, agradecimiento; hablamos con Él por medio de la oración y dejamos que Él nos hable por medio de su santa palabra. (Romanos 10:17)

Cuando amamos a alguien queremos pasar todo el tiempo disfrutando de su compañía, lo mismo pasa con el Señor Jesús, mientras más le amamos más tiempo queremos pasar junto a Él, más fuerte se volverá nuestra relación y más le conoceremos. Los momentos devocionales nos proporcionan algunos beneficios, como son:

- Nos ayuda a crecer espiritualmente
- Obtenemos victoria sobre el pecado. (2 Timoteo 2:15, Salmos 119:11).
- Recibimos gozo y paz. (Salmos 16:11).

Los momentos devocionales están compuestos de:

- Un tiempo específico
- Lugar específico
- Lectura de la palabra de Dios
- Oración
- Adoración
- Lápiz y libreta de apuntes

El momento devocional tiene cuatro pasos:

1. Lo primero es elegir un lugar sin distracción.
2. Elegir una hora específica del día, puede ser las primeras horas de la mañana, al finalizar la noche, el día o el momento que más nos convenga (no comience con un período de tiempo largo, más bien corto y lo puede ir aumentando).
3. Comience leyendo un pasaje bíblico (puede iniciar con un capítulo diario del libro de Mateo) y luego de leerlo, hágase las siguientes preguntas
   —¿Qué dice este pasaje?
   —¿Qué me dice a mí?

Cuando lea la Biblia busque:
- Promesas que debe creer
- Pecado que debe abandonar
- Ejemplos que debe seguir

- Advertencias que debe evitar
- Conocimientos que debe obtener
- Mandatos que debe obedecer

Debe meditar durante el día sobre el pasaje bíblico leído y aprender de memoria versículos bíblicos, estos le fortalecerán en los momentos de prueba. Utilice la repetición para aprender los versículos de memoria. Escríbalos y péguelos en lugares donde los vea con frecuencia varias veces al día y repítalos hasta aprenderlos de memoria. Además, debe anotar en su libreta lo que vaya estudiando en la Biblia, esto le ayudará a repasar lo que Dios le ha enseñado.

4. Luego de leer, haga una lista de peticiones y escriba las fechas cuando son contestadas. Cuando comenzamos a orar debemos iniciar:

- Dando gracias por todo lo recibido y lo no recibido. II Tesalonisences 5:18
- Adorando a Dios.
- Confesando nuestros pecados. Proverbios 28:13
- Orando a favor de otros. I Timoteo 2: 1
- Presentando nuestras peticiones (I Juan 5: 14, 15).

Los momentos devocionales son importantes porque:

- Expresamos nuestro amor por el Señor.
- Nos alimentamos espiritualmente.

En conclusión, para mantener el momento devocional debemos:

- Elegir siempre el mismo lugar.

- Reunirnos a la misma hora.
- Darle prioridad a ese encuentro.
- Ser constantes.
- Tener: Biblia, Himnario, lápiz y libreta. (**Movilización de la iglesia, Módulo 2**).

> **Versículo a memorizar: Hechos 17:11.**

GUÍA DE EVALUACIÓN

1. ¿Cómo se compara nuestra vida devocional a nuestra vida física?

____

2. ¿Qué es el momento devocional?

____

3. ¿Cuáles son los beneficios del momento devocional?

____

____

____

4. ¿De qué está compuesto el momento devocional?

____

____

____

____

5. ¿Cuáles son los pasos del momento devocional?

____

6. Cuando leo la Biblia, ¿qué puedo buscar?

1.____
2.____
3.____
4.____
5.____
6.____

LECCIÓN 24

APRENDIENDO ACERCA DEL BAUTISMO EN AGUA

...bautizándolos en el nombre del Padre, del Hijo, y del Espíritu Santo.

Mateo 28:19

En Mateo 18:19,20, el Señor Jesús nos ordenó la predicación del Evangelio, luego de que las personas reciben el Evangelio como norma de vida, el nuevo creyente debe ser enseñado; es decir, instruido en todos los mandamientos que el Señor Jesús dejó. Luego del nuevo creyente dar frutos dignos de arrepentimiento, es sumergido en las aguas, es decir, es bautizado.

Bautismo, procede de la voz griega *"baptizo",* que significa sumergir, hundir, inmergir. (Hechos 8: 39; Romanos 6:3,4). El bautismo en agua, es una declaración externa de la obra interna que realiza el Espíritu Santo en la vida del cristiano. Los cristianos proclamamos que juntamente con Cristo hemos muerto, y hemos sido sepultados y resucitados a una nueva manera de vivir. (Colosenses 2:12).

El bautismo en agua es una parte importante del establecimiento de la nueva vida espiritual del cristiano. Debemos estar conscientes de nuestra nueva identidad espiritual, para vivir eficazmente como hijos de Dios.

El bautismo cumple dos propósitos:

1. Es un recuerdo físico de lo que significa ser una nueva criatura en Cristo.
2. Es una confesión pública de que Cristo es el Señor de nuestras vidas.

La forma y la fórmula del bautismo en agua, son

a) Forma: por inmersión, el candidato al bautismo debe ser sumergido completamente en agua, (Mateo 3:15, Juan 3:22, Hechos 8:36-38, Romanos 6:4).
b) Fórmula: en el nombre del Padre, del Hijo y del Espíritu Santo. (Mateo 28:19) (**Manual de doctrina**)

Sin embargo, Pedro al dirigirse a los judíos de la iglesia primitiva, les dice que se debe bautizar en el nombre de Jesús, esto lo hace, para darle fuerza al nombre y a la persona de Jesús, pues los judíos no recibían a Jesús como el Mesías, el enviado de Dios.

Un aspecto importante de por qué la iglesia primitiva bautizaba inmediatamente a las personas que reconocían a Jesús como el Mesías, era porque ya tenían el conocimiento de la ley. (Hechos 8: 36-39), por el contrario cuando una persona acepta a Cristo hoy en día necesitamos dar un tiempo preparatorio de enseñanza de la palabra antes del bautismo.

Algunas verdades sobre el bautismo:

a) No somos salvos por medio del bautismo.
b) El bautismo no es un requisito para ser salvo.
c) Es un paso de obediencia que todo creyente debe dar si quiere hacer realidad la palabra de Dios en su vida.

d) No es un mérito religioso, ni debe ser tomado solo como puerta de entrada a la membrecía de una iglesia (**Manual de Doctrina**). Por otra parte, debemos entender, que al finalizar el periodo de doctrina, no significa necesariamente que debemos ser bautizados, aunque eso seria lo mejor, ¿Quiénes deben ser bautizados?, según el Manual de doctrina:

1. Las personas que han experimentado un verdadero arrepentimiento. (Hechos 2:38).
2. Los que creen que Jesucristo es el hijo de Dios. (Hechos 8:37).
3. Los que den testimonio publico de su fe en Jesucristo. (2Timoteo 1:18).
4. Los que han sido doctrinados. (Mateo 28:18-20).
5. Los que están debidamente unidos al matrimonio.
6. Personas de 11 años en adelante, y de lo contrario debe haber dado muestra de buen testimonio.
7. Los que hayan dado muestra de crecimiento en:
    a) Dar testimonio personal ganando a otros para Cristo.
    b) El cumplimiento de sus deberes para sostener la obra del Señor con sus diezmos y ofrendas.
    c) Demostrar sentido de unidad como cuerpo de Cristo y respeto al/la pastor/a y los/as líderes.

Es bueno señalar, que la razón por la que no bautizamos a los niños, es porque el bautismo es una acto consciente que debe tomarse con seriedad y responsabilidad, actitudes que no están en los infantes.

Si por el contrario no estamos actos para ser bautizados por cualquier situación no debemos desesperarnos, sino resolver con paciencia la misma y entonces ser sumergidos en las aguas en el momento adecuado, recordando que a los que aman a Dios todas las cosas obran para bien.

Versículo calve: Mateo 28: 19

GUÍA DE EVALUACIÓN

1. ¿Qué es el bautismo en agua?

____

2. ¿Cuáles dos propósitos cumple el bautismo?

a)____

b) ____

3. Escriba el versículo bíblico donde Jesús da el mandato del bautismo._______________________________________

4. Somos salvos por medio del bautismo?

Sí____ No _____

Explique _______________________________________

5. ¿Cuál es el método recomendado por la Biblia para bautizar? Refuerce su respuesta con citas bíblicas. ______________

6. Según Mateo 28: 19, en nombre de quién se debe bautizar?

____

7. ¿Por qué Pedro le dice que se debe bautizar en nombre de Jesús?

____

8. ¿Por qué la iglesia primitiva bautizaba a sus miembros inmediatamente confesaban que Jesucristo era el Mesías y por qué hoy le damos un tiempo de preparación a los nuevos creyentes antes de bautizarlos?_______________________________

9. Luego de ser doctrinados, debemos ser bautizados obligatoriamente?

Si _______   No _______

Explique ____

10. ¿Quiénes deben ser bautizados?

1.____

2.____

3.____

4.____

5.____

6.____

7.____

11. ¿Por qué no bautizamos a los/as niños

____

LECCIÓN 25

DESPUÉS DEL BAUTISMO ¿QUÉ?

Por lo tanto, mis queridos hermanos, mantenganse firmes e inconmovibles, progresando siempre en la obra del Señor, conscientes de que su trabajo en el Señor no es en vano.

1 Corintios 15: 58-

Luego de ser sumergidos en las aguas debemos reconocer que pasamos a ser miembros activos de la iglesia, como miembros estamos en el deber de mantenernos activos trabajando en la obra del Señor.

Debemos buscar un grupo de trabajo (con el que nos sintamos más identificados) e integrarnos al mismo.

No importa el nombre que le asignen en su iglesia, lo que importa es que usted se integre y active en la obra del Señor, entendiendo que ha sido llamado para dar por gracia, lo que ha recibido por gracia. (Mateo 10:8) Usted debe hacer con otros lo que se ha hecho con usted, ayudarlo a crecer en la fe.

Algunos de esos grupos, pueden ser:

- Oración
- Visita a: cárceles, asilos, hospitales, horfanatorios y centros de ayuda a drogadictos, etc.
- Células
- Evangelismo
- Escuela bíblica

- Adoración
- Servicio comunitario
- Comité de seguimiento etc.

Cuando trabajamos en la obra del Señor, esto nos ayuda a mantenernos en comunión constante con el Señor, pues nadie puede dar lo que no tiene. (Hechos 3:6). Esto me compromete a: orar, leer la Biblia, ayunar, asistir a la iglesia, mantenerme puro/a.

Es decir, trabajar en la obra del Señor me ayuda a:

c) Darle prioridad a mi comunión con Dios.

d) Garantiza mi permanencia en el evangelio.

e) Me proporciona crecimiento espiritual.

f) Adquiero conocimiento de la Biblia.

g) Desarrollo mi liderazgo o talento.

h) Es una acción terapéutica (me desenfoco de mi problema y ayudo a otros con mayor necesidad).

i) Obtendré la recompensa (I Corintios 15: 58).

En conclusión, después de ser sumergidos en las aguas, nuestro deber es integrarnos a un grupo de trabajo y mantenernos activos y constantes en la obra del Señor.

Versículo a memorizar: 1 Corintios 15:58

GUÍA DE EVALUACIÓN

1. Después de ser sumergidos en las aguas, pasamos a ser

____

2. ¿A qué hemos sido llamados según Mateo 10:8?

____

3. ¿Cuáles son algunos de las áreas en las que se puede trabajar?

a) ____

b) ____

c) ____

d) ____

e) ____

f) ____

g) ____

4. Trabajar en la obra del Señor nos ayuda a:

a) ____

b) ____

c) ____

d) ____

e) ____

f) ____

g) ____

LECCIÓN 26

APRENDIENDO,
ACERCA DE SU NUEVO COMPROMISO

Vete a tu casa, a los de tu familia, y diles todo lo que el señor
ha hecho por tí y cómo te ha tenido compasión.

Marcos 5:19

Luego de ser sumergidos en las aguas, es decir de ser bautizados, la pregunta es: ¿Y después de esto, qué?

El Señor Jesús nos invita a no ser cristianos pasivos, de bancos, ni a sentarnos a celebrar cultos, hasta que Cristo venga, además de asistir a la iglesia; estamos llamados a ser Atalayas, un Atalaya era un vigilante que estaba en el deber de avisar al pueblo del peligro que les venía, sino lo hacía, Dios le demandaría la sangre de los que murieron por él no cumplir su misión. Ezequiel 33:7-9

Tenemos el compromiso de:

- Ir donde nuestros familiares, amigos, vecinos, compañeros de trabajos, etc. Y contarles lo que el Señor ha hecho por nosotros, pues somos testigos del poder de Dios. Marcos 5:19, Juan 4:28, 29, 39, 42; Hechos 1:8.

- Ser agentes multiplicadores de la gracia de Dios, dar de lo que hemos recibido y sumarnos a los obreros de su mies. Mateo 10:8. Nuestra fe no es algo personal, ni privado, todos deben saber que nuestro Dios es Jehová de los ejércitos, estamos llamados a ser discípulos que discipulen a otros. Dios jamás planeó salvar al mundo desde el púlpito, el mandato es ir y hacer discípulos.

  Ananías y los discípulos acompañaron a Saulo en su primer tiempo de cristiano, aunque Ananías veía en Saulo a un perseguidor de la iglesia, Dios veía en Saulo a un predicador y escritor del Evangelio. Nuestra visión debe ampliarse y ver el potencial en cada persona a quien le predicamos el Evangelio. Un anuncio decía: "En cada periodiquero nosotros vemos un periodista". Debemos ver en esas personas que le predicamos a los futuros predicadores, maestros, líderes, pastores, misioneros, evangelistas, etc. (Hechos 9: 11-19).

- La palabra declara que somos embajadores del reino celestial. (2Corintios 5: 19, 20). Un embajador representa su país en una nación extranjera, lo hace con dignidad sintiéndose privilegiado de haber sido escogido para realizar dicha labor. Como ciudadanos del Reino de los cielos, debemos representar dignamente nuestra función de embajadores, un embajador es un conciliador entre dos países, debemos ayudar a las personas a reconciliarse con Dios y a recibir la nueva vida que Cristo les ofrece. Hemos sido beneficiarios del plan redentor (es decir, se pagó un rescate para salvarnos). ¿Nos quedaremos nosotros solos con los beneficios? 1Corintios 6:20

Los leprosos sirios cuando encontraron comida, dijeron: "No estamos haciendo bien, hoy es día de buenas nuevas y nosotros callamos". No debemos ser indiferentes frente a la necesidad espíritual en la que se encuentra nuestra sociedad, pues sólo el evangelio de Jesucristo puede transformar las tinieblas en luz.

Martin Luther King dijo: "No me preocupa la gente mala, sino la indiferencia de la gente buena". Además alguién dijo: "El mal avanza cuando los buenos no hacen nada".

"No debemos avergonzarnos del Evangelio, es necesario hablarles a los demás de la salvación que viene de Dios. Algunos se burlarán, otros rechazarán; pero otros aceptarán. (Romanos 1:16, Juan 4:39)

No se debe excusar a nadie de oír el Evangelio, hasta el corazón más duro puede ser tocado por su poder. (Jeremías 32:27). Si Dios pudo alcanzar a un hombre como Saulo de Tarso para convertirlo en misionero, puede alcanzar a cualquiera hoy; incluido sus familiares, amigos, etc. Debemos trasmitirles a los demás lo que Dios ha hecho por nosotros". (2 Corintios 5: 17, 19). (**Maestro adulto, tomo 4**)

El mandato es "Id, haced discípulos", esto es más que darle un tratado a la persona, y decirle: "Cristo te ama", las personas necesitan aprender en que consiste el plan de salvación, esto significa que debemos enseñarles a las personas con paciencia sobre el amor de Dios para sus vidas. Debemos dedicar una o dos horas semanales para enseñar a alguien sobre las verdades del Evangelio. Luego de que la persona es enseñada y recibe a Cristo, debemos darle acompañamiento en sus primeros meses hasta que esta persona pueda caminar sólo/a. (Mateo 28: 19-20)

Nuestro Padre Celestial, no retuvo a su hijo, sino que lo envió a morir por nosotros, por lo tanto, no debemos retener todo nuestro tiempo para nosotros, debemos diezmar una parte de nuestro tiempo para dedicarlo a la obra del Señor. (Romanos 8: 32). Nuestro llamado es, estar firmes en la fe y activos en la obra del Señor, recordando que Él nos premiará (1 Corintios 15:58) y cuando hayamos hecho todo lo que debíamos hacer, se nos otorgará la aprobación de nuestra solicitud como siervos inútiles (Lucas 17:10)

"Pero, ¿cómo testificar de Cristo?

A. Para ser testigos de Cristo, su propia vida es un factor clave en su testimonio. Quiere decir, que sus hábitos y estilo de vida deben exaltar a Jesús y ser una inspiración a otros para buscarle a Él.

B. Debe leer la Biblia cada día para ser sabio.

C. El Espíritu Santo es indispensable para testificar, Él le dará las palabras necesarias que deberá hablarle a los pérdidos. Debe orar pidiendo sabiduría y dejarse guiar de Él.

¿Cómo comienzo a testificar de Cristo? ¿Qué digo?

En principio siempre puede hablar del cambio en su propia vida (no es necesario entrar en detalles de todo lo que usted era y hacía en su vida pasada), más bien debe enfocarse en los cambios y beneficios recibidos. Hay un poder inmenso en un testimonio personal, sencillo y honesto. Además, podemos utilizar una guía práctica para presentar las verdades del Evangelio". (**Graham, Billy**)

Versículo a memorizar: 1 Pedro 2:9

GUÍA DE EVALUACIÓN

1. ¿Qué es un Atalaya?

____

2. Cuál es nuestro compromiso según:

• Marcos 5:19______________________________________

• Mateo 10:8_______________________________________

3. ¿Quiénes ayudaron a Saulo de Tarso en sus primeros días de creyente?_______________________________________

4. Según II Corintios 5:20, somos:_______________________

5. El mandato de "Id y haced discípulos" ¿es opcional? Sí_____ No_____

6. Debemos _____________________ un parte de nuestro _____________________ para _____________________ a la obra del Señor.

7. ¿Qué es un siervo inútil?

____

8. ¿Es usted siervo inútil?

____

Tenemos el compromiso de

1._______________________________________

2._______________________________________

3._______________________________________

9. ¿Cómo testificar de Cristo?

a._______________________________________

b._______________________________________

c._______________________________________

d._______________________________________

LECCIÓN 27

APRENDIENDO A DESCUBRIR SU DON ESPIRITUAL

Cada uno según el don que ha recibido, minístrelo a los otros, como buenos administradores de la multiforme gracia de Dios.

I Pedro 4: 10

"El vocablo don, viene de **charisma**, chara es gozo, jovialidad, delicia. **Charis** es gracia, y significa un don que viene de la gracia de Dios de modo que es inmerecido."

Charisma, es un don de gracia, un regalo gratuito y divino, dotación espiritual, facultad milagrosa **(Biblia Plenitud)**.

"También, don viene de dorema, que se traduce "Don" en Santiago 1:17, se distingue así, como aquello que es dado". **(VINE, W.E)**.

Cuando recibió a Cristo como su Salvador personal, es colocado en el cuerpo de Cristo y recibió un don espiritual, cuando es lleno del Espíritu Santo recibe el poder para usar ese don.

Dios, puso los miembros en el cuerpo como El quiso. 1 Corintios 12:27, de ahí que en el cuerpo hay órganos visibles y notables y otros que ni siquiera se advierten que están ahí, pero realizan funciones vitales para el buen desempeño del cuerpo, ej.: el hígado, riñones, páncreas, etc....

Lo mismo ocurre con los dones, hay dones y ministerios muy visibles, pero existen otros que pasan casi imperceptibles, sin embargo, esto no los hace menos importantes.

Tenemos tres tipos de **Dones**:

1. Dones del Padre (Romanos 12:3-8)

- Don de servir
- Don de enseñanza
- Don de exhortación
- Don de repartir
- Don de presidir(dirigir)
- Don de hacer misericordia
- Don de profecía (es hablar o predicar con franqueza y visión, cuando lo hacemos bajo la unción del Espíritu Santo).

2. Dones del Espíritu Santo (Romanos 12:8-10,28)

- Palabra de sabiduría
- Palabra de ciencia
- Fe
- Dones de sanidad
- Don de hacer milagros
- Discernimiento de espíritus
- Diferentes tipos de lengua
- Interpretación de lenguas
- Don de profecía (persona que en ciertas ocasiones prevee acontecimientos futuros)

3. Dones de Cristo (Efesios 4:11,12) son dados para equipar el cuerpo de la iglesia y facilitar su misión.

- Apóstol
- Profeta
- Evangelista

- Pastor-Maestro
- Misionero **(Biblia Plenitud)**"

"Algunas preguntas que le pueden ayudar a identificar su don:
- Que haría sin cobrar, solo por el placer de hacerlo?
- Que es aquello de lo que nunca querrías jubilarte?
- Que tiene prisa en hacer?
- En que tarea se ve mas entusiasmado? **(VUJICIC, NICK)** "

Algunos indicadores que le ayudarían a descubrir su don, son:
1. Le gusta hacerlo (enseñar, predicar, servir, etc.).
2. Lo hace bien. Daniel 6:1.
3. La iglesia se edifica, cuando lo hace y Dios es glorificado. "¿Cómo es Dios glorificado cuando usa sus dones? Cuando lo usa como Él lo indica, para ayudar a los demás, ellos verán a Jesucristo en usted y lo alabarán por la ayuda que reciben. (1 Pedro 4:10,11, Mateo 5:16)" **(Biblia del diario vivir)**.
4. "Piense en lo que le gusta hacer, lo que le sale con facilidad, no porque no requería trabajo, sino porque le gusta hacerlo". Piense en lo que los demás dicen que Ud. hace bien, esto puede ayudarle a identificar su don." **(DEVOS, RICH)**
5. Enrólese en todas las actividades de la iglesia, de esta forma Ud. se identificará con una en particular, esto marcará su pasión por dicho don.
6. No se desanime, si en principio no lo realiza con excelencia, no olvide, que hacer se aprende haciendo. La práctica y la dependencia del Espíritu Santo perfecciona.
7. Luego de identificar su don, practíquelo con naturalidad, acéptese así mismo, sea el mejor en su área, hágalo como para El Señor, hágalo con excelencia, para la gloria de Dios y edificación de los oyentes. No desarrolle su don a medias,

¿Qué le parece si el señor hubiera medio muerto o le hubiera medio salvado? Daniel 6:1-3, 1 Corintios 9:24. No pruebe ser como otros, sea Ud. mismo, quien imita no crea. Colosenses 3:17,23.

8. Sea humilde, utilice su don para edificar a otros, pero edifíquese con los dones de los demás, no olvide, Ud. no es una fuente, los miembros del cuerpo dan y reciben de los demás miembros.(**Biblia del diario vivir**). "Pablo compara el cuerpo de Cristo con el cuerpo humano. Cada parte tiene su función especial que es necesaria al cuerpo en su totalidad. Las partes son diferentes con un propósito y a pesar de sus diferencias deben laborar juntas. Pensar que su don es más importante que el otro es orgullo espiritual. No deberíamos menospreciar aquellos que aparentan ser menos importante, ni ponernos celosos con aquellos que manifiestan dones más impresionantes. Al contrario debemos usar los dones que se nos ha dado y ayudar a otros a usar los suyos. 1 Corintios 12: 12,14-24(**Biblia del diario vivir**)"
La diversidad nos da equilibrio y sentido, somos diferentes para que nos necesitemos unos a otros.

9. Cuídese de vanagloriarse, recuerde, que su don es un regalo de Dios para Ud. no es de consumo propio, es para bendecir a otros, un día Ud. rendirá cuentas por el uso que le dio a su don. 1 Corintios 4:1.

10. Cuídese de que las personas lo endiosen, desvié las miradas de sus admiradores, hacia el dueño del don, El Señor Jesús. Santiago 1:17.

11. Manténgase siempre en comunión con Dios, dependa de Dios en todo tiempo, no dependa de experiencias pasadas en el uso de su don/dones. Cada oportunidad es una experiencia nueva, que requiere de una unción nueva.

12. Por último, sea equilibrado, utilice su don para edificar a otros, pero no descuide su vida de obediencia, no practique el activismo cristiano, que es, concentrarnos tanto en la obra de Señor que descuidamos al Seños de la obra. En Mateo 7:21-23, El Señor rechazó a unos discípulos que utilizaron sus dones de profecía, milagros, etc. Pero eran hacedores de maldad. No va a impresionar a Dios con los dones que El le ha dado, solo los humildes, que tiemblan a su palabra lo impresionan. Isaías 66:2

13. No olvide, los premios en el cielo se darán después de entrar, el ticket de entrada es la vida de obediencia, sino entra, no recibe el premio por lo que haya hecho, sea lo que sea. En 1 Corintios 9:27, Pablo reflexiona, sobre la importancia de ayudar a otros a entrar al cielo, sin descuidar su vida espiritual, ya que sería muy duro mandar a otros para el cielo y al final ser rechazado. Que El Señor le ayude a enseñar a otros a vivir para Dios, pero que le ayude también a practicar lo que predica.

Concluimos que, los dones son capacidades, habilidades dados por Dios que tienen como propósito ayudar a los cristianos a crecer espiritualmente.

Un Don no es un juguete, sino una herramienta de trabajo en la viña del Señor; Ud. es un hijo dotado de virtudes y talentos. Cuando identifique sus dones y talentos, descubrirá su propósito aquí en la tierra.

Versículo a memorizar:
1 Pedro 4:10,11 y Santiago 1:17

GUÍA DE EVALUACIÓN

1.   Defina el vocablo don: ________________________

____

2. Según 1 Corintios 12:27, como puso Dios los miembros en el cuerpo?

____

____

3. Los dones del Padre, según Romanos 12:3-8, son:

a.________________   d.________________

b.________________   e.________________

c.________________   f.________________

4. Según Romanos 12:8-10,28. Los dones del Espíritu Santo son:

a.________________   d.________________

b.________________   e.________________

c.________________   f.________________

5. Según Efesios 4:11,12, los dones de Cristo son:

a.________________   d.________________

b.________________   e.________________

c.________________   f.________________

6. Para que son dados los dones de Cristo?

____

____

7. Resuma cada indicador con una frase, y si es posible agregue otros:

1.________________________

2.________________________

3.________________________

4.________________________

5.________________________

6.________________________

7.________________________

8.____

9.____

10.____

11.____

12.____

Otros ____

8. En el uso de sus dones, ¿de qué debe cuidarse?, según estos versículos.

Mateo 7:21-23 ____

1 corintios 9:27 ____

9. Que descubrirá cuando identifique sus dones espirituales?

____

10. Un don es un juguete o una herramienta?

____

LECCIÓN 28

APRENDIENDO ACERCA DE LA SANTA CENA

Porque cada vez que comen este pan y beben de esta copa, proclama la muerte del Señor hasta que el venga.

1 Corintios 11:26.

"La santa cena es una ordenanza establecida por Cristo en la víspera de su muerte expiatoria. Consiste en la participación del pan y el vino de uva sin alcohol, como símbolo del cuerpo y la sangre de Cristo.

A. Instituciones de la Santa Cena:

1. Instituida por Jesús durante sus últimas horas con sus discípulos, antes de su muerte. (Mateo 26:17-19; Marcos 14:12-25; Lucas 22:7-23; Juan 13:21-30; 1Corintios 11:23-26).

2. Ordenada por Cristo para que fuera observada como recuerdo de su muerte. (Lucas 22:19; 1 Corintios 11:26)

3. Anuncia la liberación del pecado. (Éxodo 12:14,26,27; Mateo 26:27-28)

4. Nos identifica con un nuevo pacto y una nueva naturaleza. (1 Corintios 11:25; 2 Corintios 3:6)

5. Es una señal de vida espiritual y expresión de la comunicación que debe tener todo miembro del cuerpo de Cristo. (1 Corintios 10:16-17)

6. Es un pacto profético que anuncia la segunda vida de Cristo. (1 Corintios 11:26)

B. La santa cena: Requisitos.

1. Debe ser observada por todo creyente bautizado. (1 Corintios 11:23-26)
2. Los creyentes deben participar con un conciencia clara de este acto. (1 Corintios 11:33-34)
3. Los creyentes deben ajustarse a las instrucciones de la Biblia sobre la observación de esta ordenanza.
4. Deben participar todos los miembros de la iglesia bautizados y en plena comunión. (Los miembros de otras congregaciones en plena comunión deben ser invitados a participar también).
5. Los creyentes deben acercarse a la mesa del Señor con una actitud de:

- Reverencia, ya que se trata de un acto solemne ordenado por Nuestro Señor.
- Profunda meditación y adoración al Señor.
- Gratitud por el sacrificio expiatorio de Cristo.
- Dignidad, teniendo plena conciencia del momento

6. Se deben participar de la Santa Cena digna y ordenadamente. (1 Corintios 11:27-34).

Nota: si hemos pecado, la biblia declara que debemos humillarnos (Salmos 51:16-17), confesar nuestros pecados al Señor Jesús y apartarnos de ellos (Proverbios 28:13; 1 Juan 1:9)

C. Los elementos de la Santa Cena:

1. **El pan sin levadura. Símbolo del Cuerpo del Señor, que nos unifica.** (Juan 6:48-51; Mateo 26:26).
2. **El jugo de la vid. Símbolo de la Sangre del Señor que nos limpia de todo pecado.** (Mateo 26:27-28; Lucas 22:20).

Nunca utilizar para este acto ningún otro tipo de bebida

D. Otros nombres para esta ordenanza:

1. Partimiento del pan. (Hechos 2:42).
2. La comunión. (1 Corintios 10:16).
3. La mesa del Señor. (1 Corintios 10:21).

E. Frecuencia para celebrar la Santa Cena:

1. Se recomienda que se celebre cuantas veces sea necesario, nunca menos de dos veces al año, además se debe celebrar en ocasiones espaciales como bautismo, aniversarios de la iglesia, fin de año, renovación de votos, retiros, Semana Mayor y otros.
2. Se debe tener cuidado de no perder la bendición y solemnidad que por medio de ella recibimos." (**Manual de doctrina A/D**)

> **Versículo a memorizar:** 1 Corintios 11:27-28

GUÍA DE EVALUACIÓN.

1. Que es la Santa Cena?_______________________________

____

2. Quien y cuando se instituyó la Santa Cena, según Mateo 26:17-19, 1 Corintios 11:23-26____________________________

____

____

3. Que dos cosas debemos recordar al participar de la Santa Cena según 1 Corintios 11:26_________________________

____

____

4. Mencione tres requisitos para tomar la Santa Cena

____

5. Cuales elementos componen la Santa Cena y que simbolizan (Mateo 26:26, Lucas 22:20)_______________________________

____

6. Cuales otros nombres se les da a esta ordenanza, según: Hechos 2:42 ____

1 Corintios 10:16 ____
1 Corintios 10:21____

7. Con que frecuencia debemos tomar la Santa Cena?__________

____

8. Participar de la Santa Cena es opcional? (Mateo 26:17-19)
Si___________
No___________
Por qué?____

9. Según 1 Corintios 11:27-34, que debemos hacer antes de tomar la Santa Cena?____

____

10. Si hemos pecado, que debemos de hacer antes de participar de la Santa Cena, según Salmos 51:16-17; proverbios 28:13 y 1 Juan 1:9 ____

____

BIBLIOGRAFÍA

- *Biblia del diario vivir*. EE. UU.: Editorial Caribe, 1996.

- *Biblia Plenitud*, Editorial Caribe, 1994.

- Bisagno, Juan, *El poder de la oración tenaz*, Casa Bautista de Publicaciones, EE.UU, 1986.

- Charles C., Ryrie, *El Espíritu Santo*, Editorial Portavoz, EE., UU., 1978.

- Devos, Rich. *Capitalismo Solidario (gente ayudando a otra gente a ayudarse a sí mismo)*. Florida, EE. UU: 2012.

- *Discipulado Maestro 2*, Editorial Patmos, Miami Florida.

- Dr. Jorge Beckwith, *El plan profético de Dios*, ediciones las Américas, Puebla, México, 1987.

- En contacto. org *(¿Cómo explicar las pruebas de la vida?)*

- Gedeón Internacional.

- Graham Billy, *Vivir en Cristo*, U. S. A., 2009.

- J. A., Thompson, *Introducción, Comentario y notas*, EE.UU, 1992.

- *La Santa Biblia*, Nueva Versión Internacional "NVI",1999

- Lahaye, Tim, *Usted se enoja porque quiere*, Editorial Vida, 1984.

- *Maestro Adulto*, Tomo 14, Unidad 1, lección 2, marzo-agosto, 2006, Editorial Vida, Miami Florida.

- *Manual de doctrina de la iglesia local*, Concilio Asamblea de Dios, República Dominicana.

- *Manual de movilización de la iglesia*, módulo 2 (El desarrollo de su vida devocional, Lecciones: 5, 6, 7,8) Asambleas de Dios, República Dominicana.

- Maxuuell, John C. El mapa para alcanzar el éxito. Miami, Florida: Editorial Betania, 1997.

- Meyer, Joyce, *Belleza en lugar de cenizas*, USA, 1998.

- Ohíman, Dean, *¿Qué dice la Biblia sobre la paciencia?*, Michigan EE. UU., 2005.

- Pearlman, Myer, *Teología Bíblica y Sistemática*, sexta edición, 1970, Editorial vida, Miami Florida.

- Pérez Jerónimo, *Método eficaz para crecimiento de la iglesia*, Panamá, 1985.

- Rand, W.W. Diccionario de la Santa Biblia. Miami, Florida: Editorial Caribe.

- Roper (David y Manasés) *Cómo superar los fracasos de la vida*. USA, 2001, 2008).

- Stowell, Joe, *The upside of down* (Get more strengh.org)

- VINE, W.E. Diccionario Expositivo de palabras del Antiguo y Nuevo Testamento, Exhaustivo. Colombia: Editorial Caribe, 1999.

- Vujicic Nick, Un Espíritu invensible (el increíble poder de la fe en acción). México: Santillana ediciones generales, 2012.

Esta segunda edición de
APRENDIENDO A CAMINAR
consta de 1,000 ejemplares
y se terminó de imprimir en el mes de septiembre de 2013,
Santo Domingo, República Dominicana.